미래에서 만나요!
채사장

2025. 11.

채사장의 지대넓얕

⑮ 새로운 예술

ⓖ 채사장

책읽기를 좋아하는 평범한 사람이었던 채사장 작가님은 사람들과 지식을 나누는 대화를 하는 게 가장 재미있었어요. 이런 재미와 기쁨을 전하기 위해 2014년에 쓴 책 《지적 대화를 위한 넓고 얕은 지식》이 밀리언셀러에 오르며 인문학 도서 신기록을 달성했어요. 이후에도 다양한 책을 써서 독자들과 소통하고 있고, 강연을 통해 많은 사람들과 지식의 즐거움을 나누고 있습니다.

ⓖ 마케마케

오랫동안 그림책 작가와 어린이 책 편집자로 일하며 재미있는 이야기의 힘을 믿어 왔어요. 채사장님의 《지적 대화를 위한 넓고 얕은 지식》을 독자로 접하고 인문학이 삶을 바꿀 수 있다는 것을 실감하고는 어린이들에게 쉽게 전달하기 위해 알파의 이야기를 만들었어요. 매일 알파, 마스터와 함께 즐거운 지식 여행을 떠나고 있답니다.

ⓖⓡ 정용환

홍익대학교 산업디자인학과를 졸업하고 다양한 책과 매체에 일러스트 작업을 하였어요. 〈복제인간 윤봉구〉 시리즈, 《로봇 일레븐》, 《유튜브 스타 금은동》 등 다양한 어린이 책의 그림을 그렸으며 《슈퍼독 개꾸쟁》을 쓰고 그려서 제1회 '이 동화가 재미있다' 대상을 받기도 했지요. 어린이들이 교양을 익히고 더 나은 삶을 꿈꿀 수 있도록 이 이야기에 아름다운 그림과 색채를 입혀 주었답니다.

채사장의 지대넓얕 15
(지적 대화를 위한 넓고 얕은 지식)

초판 1쇄 발행 2025년 11월 24일

지은이 채사장, 마케마케
그린이 정용환
펴낸이 권미경
마케팅 심지훈, 강소연, 김재이
디자인 양X호랭 DESIGN

펴낸곳 ㈜돌핀북
등록 2021년 8월 30일 제2021-000179호
주소 서울시 마포구 토정로 47, 701
전화 02-322-7187 **팩스** 02-337-8187
메일 sky@dolphinbook.co.kr

ⓒ채사장, 마케마케, 정용환, 2025
ISBN 979-11-93487-27-3 74900
　　　979-11-975784-0-3 (세트)

이 책을 무단 복사·전재하는 것은 저작권법에 위반됩니다.
잘못 만들어진 책은 구입하신 서점에서 교환해드립니다.

채사장의
지대넓얕

지적 대화를 위한 넓고 얕은 지식

15
새로운 예술

글 채사장, 마케마케
그림 정용환

저자의 말

아름다움에 대한 안목과 지식

안녕하세요? 채사장입니다.

저는 대중에게 인문학 강의를 하며, 책을 쓰고 있어요.

제가 난생 처음 쓴 책이 《지적 대화를 위한 넓고 얕은 지식》입니다. 바로 지금 여러분이 읽고 있는 이 책의 성인판, 여러분의 부모님도 선생님도 읽었을 책이지요. 첫 책인데도 아주 많은 사람들에게 큰 사랑을 받았습니다.

그런데 이 책은 사실, 어른이 되기 전에 읽어야 하는 내용이에요. 조금이라도 더 어릴 때 알면 좋은 내용! 그래서 어른이 아니어도 잘 읽을 수 있도록 이렇게 쉽고 재미있는 책으로 만들었습니다.

왜 저는 《지적 대화를 위한 넓고 얕은 지식》과 같은 인문학 책을 썼을까요? 대답을 위해 저의 어린 시절로 거슬러 올라가 보겠습니다. 저는 책을 읽지 않는 어린이였어요. 학교에서는 맨 뒤에 앉아 엎드려 잠만 자는 아이였지요. 세상과 사람에 대해서 통 관심이 없었어요. 그렇게 어영부영 고등학생이 된 어느 날, 너무 심심한 나머지 처음으로 책 한 권을 읽었습니다. 그 책은 소설 《죄와 벌》이었는데, 책을 읽고 저는 충격을 받았어요. 제 주변의 세계가 확 다르게 보였죠. 그때부터 저는 닥치는 대로 책을 읽기 시작했어요. 세계가 너무도 신기했고, 인간이 참으로 신비했죠.

하지만 성인이 될수록 세계를 더 잘 이해하기는커녕 도무지 이해할 수 없었어요. 왜 어떤 사람은 부자이고 어떤 사람은 가난할까? 왜 어떤 인간들은 약한 자들 위에 올라서고, 전쟁을 일으키는 걸까? 궁금했어요.

역사를 잘 살펴보니 그 답이 있었습니다. 오늘날 왜 경제에 의해서 세계가 좌우지되는지 원인과 흐름을 이해할 수 있었죠. 인문학은 이렇게 세계를 보는 눈을 뜨게 해 줍니다.

과학과 철학, 그리고 예술의 역사를 함께 살펴본 여러분은 이제 몇 가지 중요한 공통점이 있다는 걸 발견했을 거예요. 시대의 흐름에 따라 과학과 철학, 예술은 끊임없이 변화해 왔고, 그 변화의 중심에는 절대주의, 상대주의, 회의주의라는 서로 다른 관점이 있었다는 것이죠.

무엇보다 모든 학문과 예술은 이전 시대와는 다른 새로운 것을 추구하려는 열망 위에서 발전해 왔어요. 특히 근·현대의 예술가들은 이전의 틀을 깨고자 하는 강박적인 탐구심으로 새로운 표현을 끊임없이 시도했습니다. 하지만 그들의 도전은 언제나 정당하게 인정받지는 못했어요. 그러니 예술가들의 삶은 누구보다 고단하고 치열했겠지요.

인류에게 '아름다움'이란 무엇일까요?

왜 우리는 시대를 넘어 예술을 만들고, 감동하고, 또다시 새로움을 찾아 나서는 걸까요?

오랜 세월 인류가 지켜 온 아름다움의 본질을 찾아, 함께 미술사 여행을 이어 가 봅시다.

2025년 늦가을에, 채사장

차 례

프롤로그 어떤 그림을 그려야 할까? · 11

1 바로크 미술
뒷골목의 문제아 21

- 채사장의 핵심 노트 바로크와 로코코 44
- 마스터의 보고서 바로크 미술의 거장들 45
- Break time 바로크 VS 로코코 46

2 사실주의
천사를 보여 주신다면 47

- 채사장의 핵심 노트 근대의 미술 70
- 마스터의 보고서 사실을 그린 화가, 쿠르베 71
- Break time 숨은 그림 찾기 72

3 전기 인상주의
지금 이 순간 73

- 채사장의 핵심 노트 보이는 그대로를 그려라 98
- 마스터의 보고서 인상주의의 대표 화가들 99
- Break time 맞는 문장 찾기 100

④ 후기 인상파
별이 빛나는 밤 101

- 채사장의 핵심 노트 마음의 빛깔을 그려라 128
- 마스터의 보고서 세잔의 생애와 작품 129
- Break time 영혼의 편지 130

⑤ 현대 미술
무기가 되는 미술 131

- 채사장의 핵심 노트 새로움에 대한 강박 160
- 마스터의 보고서 오늘날의 예술 161
- Break time 가로세로 낱말풀이 162

(에필로그) 신들의 초대 · 163

- 최종 정리 168
- 미술 편 총정리 170

등장인물

채

지식카페의 사장이자 알파의 오랜 친구. 또다시 자신을 찾아온 알파를 돕기 위해 이상한 손님 네네와 함께 미술사 여행을 떠난다. 중세 시대에서 알파의 말실수 때문에 사람들에게 쫓기고, 르네상스 시대에 다 빈치의 조수가 되는 등 갖은 고생을 하며 역사와 예술은 분리해서 생각할 수 없다는 걸 깨달은 채. 빠르게 변화하는 역사 속에서 예술가는 어떤 작품을 그려야 할까? 이 질문을 던지며 채는 근대를 맞이한다.

알파

인간 세계의 문제를 해결하기 위해 다른 차원의 우주에서 행성을 창조한 중간 단계의 신. 손꼽아 기다리던 인간이 나타났지만 그들은 아름다움을 모르는 삭막한 존재들이었다. 채의 카페에서 우연히 만난 엉뚱한 손님은 예술을 공부할 것을 권유했고 그렇게 알파는 얼떨결에 미술사 여행을 시작하게 되었다. 창조를 사랑하는 여러 예술가들을 만나면서 인간들의 아름다움에 감탄하는 것도 잠시, 유명해지기 전의 화가들의 그림을 미리 사서 떼돈 벌 궁리에 빠지는 알파다.

네네

하얀 눈이 내리던 어느 날, 채의 카페를 찾아온 손님.
알파의 고민을 엿듣더니 함께 예술을 공부하자고 권한다.
그녀가 주황색 크레용으로 문을 그리자, 놀랍게도
차원의 문이 펼쳐지며 새로운 세계로 이동이 가능해진다.
하지만 알파는 네네를 볼 때마다 누군가의 얼굴이
떠오르는 것 같아 가슴이 답답해진다.

마스터

언제 어디서나 알파와 함께 다니는
작은 쥐. 보기에는 보잘 것 없어도
알파보다 높은 레벨에 있는
상위 신이다.

카라바조, 쿠르베, 마네, 모네, 고흐, 피카소

근대 이후부터 현대에 이르기까지
새로운 예술을 추구해 온
미술의 거장들이다.

이 책을 읽는 방법

이 책은 어른들을 위해 처음 만든 《지적 대화를 위한 넓고 얕은 지식》을 어린이들도 볼 수 있게 만든 책이에요. 많은 지식들을 하나의 흐름으로 정리해 주는 책이죠. 여러분만의 특별한 독서법을 통해 이야기 속에 숨어 있는 지식과 그 지식을 꿰뚫는 통찰을 발견하면 좋겠어요.

Step 1 이야기에 집중하기

처음 읽을 땐 일단 순서대로 이야기를 따라가는 데 집중해 보세요. 이야기 속 인물들은 예술의 역사를 훑어보며 다양한 예술가들을 만나고 있어요. 인물들의 생각과 심리를 잘 살펴보고 "왜 그랬을까?", "이럴 때 어떤 마음이 들었을까?" 같은 질문을 던져도 좋아요. 어려운 단어나 모르는 내용이 나오면 멈춰서 찾아봐도 되지만 일단은 계속 독서를 진행해도 괜찮답니다.

Step 2 핵심 단어와 흐름 찾기

총 5화에서 펼쳐지는 이야기들은 근대 초기부터 현대까지 예술사의 주요 개념을 다루고 있어요. 각각의 작품이 다루는 주제와 표현법을 자세하게 알아보는 것도 재미있지만 세계사의 흐름에 따라 예술의 관점이 절대주의, 상대주의, 회의주의로 어떻게 변화하는지 살펴보고 감상하는 기쁨도 클 거예요. 이야기 속에 등장하는 작품들의 공통점과 차이점을 발견하고, 어떤 관점을 가지고 있는지 생각하면서 읽어 보세요. 물론 처음부터 파악하기엔 쉽지 않을 거예요. 그러나 여러 번 책을 읽고 정보 페이지를 활용하면 개념에 익숙해질 거예요.

Step 3 지적 대화 나누기

"아름다움이란 무엇일까?"
"이 시대 사람들은 왜 이런 양식의 표현법을 사용했을까?"
"과거의 그림과 현재의 그림은 어떻게 다를까?"
"예술 작품을 볼 때 어떤 감정이 일어날까?"
책을 읽다 보면 여러 가지 의문점이 생길 거예요. 그리고 여러 번 꼼꼼하게 읽거나 다른 자료를 찾아보면 어느 정도 의문점이 해소될 수도 있을 거고요. 이렇게 내가 궁금했던 것, 발견한 내용에 대해 친구들이나 부모님과 이야기해 보세요. 토론을 통해 책을 읽은 것보다 더 큰 기쁨과 지혜를 만날 수 있을 거예요. 책의 마지막 장을 덮은 후에도 우리의 이야기는 계속 이어질 테니까요.

어떤 그림을
그려야 할까?

"세상이 변하고 있어."

채는 창밖을 보며 중얼거렸어.

저택 밖에서는 계속 무언가가 펑펑 터지는 소리와 사람들의 비명 소리가 들려왔지.

"안 되겠어. 나가 보자!"

무슨 난리인지 알아보려고 빠르게 밖으로 나간 알파는 눈앞의 광경에 말문이 턱 막히고 말았지.

거리는 매캐한 화약 냄새로 가득했고, 바닥엔 커다란 십자가가 나뒹굴었으며 헛간은 불타고 있었어. 성당 앞에 세워진 성상들도 파괴된 흔적이 분명했지. 방금 전까지 이곳에서 격렬한 전투가 치러진 모양이야.

"콜록콜록."

네네는 연기를 잘못 들이마셨는지 괴로워했어.

"괜찮아요? 일단 연기가 없는 곳으로 몸을 피해요."

채는 네네를 데리고 서둘러 어느 건물의 지하로 들어갔어.

네네의 기침이 조금 진정되자 채는 차분하게 자리를 잡고 이야기를 시작했어.

 "교황 레오 10세는 성 베드로 성당을 멋지게 새로 짓는 공사를 시작했어요. 르네상스 시대 최대 규모의 프로젝트였지요. 물론 이 건축에는 어마어마한 액수의 돈이 필요했고요."

마르틴 루터가 비텐베르크 성당 문에 반박문을 붙인 날짜는 1517년 10월 31일. 구텐베르크의 활판 인쇄술이 발명된 지 약 70년이 지난 이후였어. 이미 발달한 인쇄 기술 덕분에 95개조 반박문은 빠른 속도로 세상에 퍼져 나갔지.

사람들은 라틴어로 쓰인 루터의 글을 여러 언어로 번역하고 인쇄하여 이곳저곳에 뿌렸어. 거리에서 낭독하거나 벽에 붙이거나 장터에서 나눠 주기도 했지. 수천수만 부의 문서가 빠르게 유럽 전역으로 퍼져 나간 거야.

"그래, 이건 잘못된 거야!"

"돈으로 구원을 살 수는 없지."

글을 읽은 사람들은 함께 분개하고, 토론했어. 공감하는 사람들이 많아질수록 루터의 생각은 더욱 더 퍼져 나가 새로운 종파를 만들었어.

채의 말대로였어. 싸움이 길어지다 보니 이제 무엇을 위해 다투는지 모를 지경까지 된 거야. 나중엔 가톨릭과 프로테스탄트에서 고용한 용병들이 닥치는 대로 농가를 불태우고, 식량을 빼앗고, 여성과 아이들을 죽이기까지 했어. 한동안 유럽 전체가 피비린내 나는 전쟁터가 되고 말았지.

 한바탕 소란이 휩쓸고 지나갔기 때문일까? 바깥은 놀라울 정도로 고요했어. 굳건한 신앙심만큼 약간의 균열조차 허락하지 않았던 중세의 질서. 하지만 이제 천년의 시간을 지나 많은 것들이 뒤바뀔 준비가 되어 있었지.

1 바로크 미술

뒷골목의 문제아

1606년, 로마.

채 일행은 수많은 예술가들의 마음을 설레게 했던 이 찬란한 도시에 발을 내딛었다. 르네상스의 유산 위에 예술의 꽃이 피어나던 시절, 로마는 유럽 예술의 심장부였다.

유럽 전역에서는 종교 개혁의 불길이 타오르고 있었다. 신교는 모든 종교 미술을 우상 숭배라 비난했지만 가톨릭은 오히려 더 화려한 종교화를 통해 교회의 권위를 드러내고자 했다.

성직자들은 르네상스 거장들의 뒤를 잇고자 하는 젊은 화가들에게 앞다투어 작품을 의뢰했고, 화가들은 하느님의 이야기와 성인들의 삶을 더욱 감동적으로 그려 냈다.

어느 성당이든, 수도원이든, 그곳엔 그림이 있었다. 화려한 액자 안에는 저마다 성경의 순간들이 담겨 있었다.

비슷한 색감, 비슷한 구도, 비슷한 정서……. 인물들의 동작은 절제되어 있었고 빛은 고르게 퍼졌으며 표정은 성스러웠다. 르네상스 이후 수십 년간 내려온 규칙 때문이었다. 화가들은 후원자들의 기대를 충족시켜야 했고 신을 향한 경외심도 표현해야 했기에 자신만의 개성을 선보일 수 없었다.

그때 채가 알파에게 슬쩍 물었다.

"알파, 저 그림은 좀 다르지 않아요?"

첫 번째 그림은 마태오가 예수에게 부르심을 받는 순간을 담고 있었다. 어두운 술집, 마태오와 동료들이 돈을 세고 있다. 그때, 어둠 한쪽에서 예수가 손을 뻗으며 자신을 따르라고 말한다.

두 번째 그림은 마태오가 천사에게 복음서를 받아 적는 장면이다. 천사는 무언가를 속삭이고, 마태오는 그 말에 따라 글을 써 내려간다. 평범한 세리였던 그가 예수의 생애를 기록하는 복음사가가 되는 순간이었다.

세 번째 그림은 마태오의 마지막 모습이었다. 미사를 집전하던 마태오에

게 자객이 다가와 덮친다. 마태오가 쓰러지자 놀란 신자들은 비명을 지르며 자리를 떠난다. 날카로운 긴장감과 불안한 구도, 오싹한 분위기에 알파는 자기도 모르게 침을 꿀꺽 삼켰다.

세 그림 모두 배경은 칠흑 같이 어두웠다. 하지만 그 어둠 속에 쏟아지는 빛은 강렬했다. 무대 위 조명이 한 사람만을 비추듯, 중심인물만이 강조되고, 나머지는 어둠 속에 삼켜졌다. 알파는 그림 앞에 서는 것만으로도 절로 고개가 숙여졌다. 그림을 본다는 게 감상이 아니라 기도처럼 느껴질 정도였다.

"사람들은 이 시기의 그림들이 규칙에 맞지도 않고 단정하지 못하다며 '바로크'라는 말로 조롱했어요. 하지만 바로크는 나중엔 고유한 예술 양식으로 자리 잡았죠."

알파가 보기에도 질서 있는 르네상스 미술 작품들에 비해 바로크 그림들은 너무 주관적으로 느껴졌다. 하지만 상관없었다. 알파는 지금 이 그림들에게서 눈을 뗄 수 없었으니까.

알파의 눈은 번쩍번쩍 빛나고 있었다.

"세상은 바뀌고 있어! 다가올 시대엔 생생한 바로크 양식이 더 많은 사람에게 감동을 줄 거라고! 그러니 이 화가가 더 유명해지기 전에 미리 그림을 왕창 사 놓는 거야! 그럼 나중에 비싼 값에 팔 수 있잖아?"

"그렇게 그려도 괘, 괜찮은 거야? 아무리 그래도 제자들도 거룩한 성인인데……."

알파가 걱정스럽게 묻자 채도 고개를 끄덕였다.

"그래서 교회 안에서도 말이 많았다고 해요. 너무 비천하다, 성스럽지 않다 등등. 하지만 동시에 진짜 예수 그리스도는 가난한 자들 사이에 있다고 생각하는 사람들도 있었지요."

알파는 카라바조의 그림을 처음 보았을 때 느낀 경건함이 무엇인지 조금은 알 수 있을 것 같았다. 구원은 가장 낮은 곳에서 시작된다는 것을 이 천재 화가가 파악해 버린 건 아니었을까?

 뒤돌아 본 알파는 온몸에 털이 바짝 서는 것 같았다. 싸움을 하는 패거리 속에서 한 남자가 취기를 이기지 못한 듯 멍한 눈으로 이쪽을 바라보고 있었다. 불콰한 볼, 검게 그을린 눈 밑, 손에 쥐고 있는 싸구려 와인병. 이상하리만큼 익숙한 얼굴이었다.

 "어디서 봤더라?"

 순간 알파의 머릿속에 성당 안에서 본 그림이 떠올랐다. 마태오가 칼에 찔려 쓰러지던 순간, 어두운 구석에서 이 모든 장면을 지켜보던 남자였다.

그렇다. 그림 속 남자는 바로 화가 자신.

화가는 마치 관객처럼 그림 속에 자신의 모습을 숨겨 둔 것이었다.

카라바조는 휘청거리더니 알파를 쏘아보았다. 그의 눈은 알 수 없는 분노로 활활 타오르고 있었다. 무엇 때문에 화가 난 것일까? 채와 네네는 알 수 없는 적의에 한 발짝 뒤로 물러났다.

갑자기 웬 시비람? 알파는 당황스러웠다. 잔뜩 취해서 몸도 제대로 가누지 못하는 주제에 왜 화를 내는지 도저히 이해가 되지 않았기 때문이다. 그러나 카라바조는 말리는 이들까지 밀치며 밑도 끝도 없이 소리를 질렀다.

"이 녀석, 썩 꺼지지 못 해?"

"제가 뭘 그렇게 잘못했습니까? 좁은 골목에서 눈이 마주칠 수도 있지요!"

알파도 기싸움에서 지는 편은 아니었다. 그는 눈을 피하지 않고 취한 화가를 똑바로 바라보았다.

이 자식이!!

뭐야, 이유도 없이 폭력을……?

알파는 유연하게 몸을 피했지만 속으로는 기가 막혔다.
아무에게나 주먹을 휘두르는 이 사내가 도무지 이해가 가지 않았다.

　조금 전까지 술병을 들고 싸움을 벌이던 부랑자들은 빛과 같은 속도로 흩어졌고, 경찰들도 그들을 잡으러 골목 안쪽으로 따라 나갔다. 카라바조는 거칠게 알파를 밀치더니 눈 깜짝할 사이에 어느 건물 사이로 빠져나가고 말았다.

　카라바조를 뒤쫓던 경찰의 앞을 알파가 막아섰다.

　"잠시만요! 그를 왜 체포하려는 거죠?"

　채와 네네도 일단 경찰을 설득했다.

　"저 사람은 신변이 보장된 사람이에요. 제가 잘 알아요."

　"맞습니다. 저래 봬도 꽤 유명한 화가거든요."

"무슨 일이라니! 무전취식, 폭행, 도난, 명예훼손! 수많은 사건에 매일같이 연루된 자요. 하루가 멀다 하고 감옥을 들락날락했지만 교회의 높은 분들에게 잘 보였는지 매번 풀려 나왔지."

경찰은 카라바조가 도망간 방향을 쏘아보며 외쳤다.

"하지만 이번만큼은 어림없을걸? 칼을 휘두르다 사람을 죽이기까지 했으니 말이야!"

"헉!"

"사…, 살인을 했다고?"

알파와 채, 네네는 너무 놀라 자신의 입을 틀어막았다. 대체 이게 어찌된 일인가. 홧김에 사람까지 죽였다는 말인가!

그사이 경찰은 카라바조를 쫓아 달려 나갔고, 광장 주변에서 웅성거리며 구경하던 사람들도 자리를 떠났다.

바로크 시대의 문을 연 거장 카라바조의 삶은 그야말로 난장판이었던 모양이다. 그림 실력은 누구보다 뛰어났지만 성품은 불안정했고 술버릇은 고약했다.

기분이 조금이라도 나쁘면 흉기를 휘둘러 대는 사고뭉치였지만, 그의 재능을 아꼈던 고위 성직자들은 매번 사고를 수습해 주었다.

그러나 결국 그는 돌이킬 수 없는 일을 저지르고 만다. 그동안 그를 감싸 주던 교회의 권력자들조차 이번만큼은 나설 수 없었던 것이다.

그가 저지른 살인은 그만큼 크고 무거운 죄였기 때문이다.

한때는 교황의 초상화까지 그렸던 최고의 화가 카라바조. 사건 이후 그는 현상금이 걸린 채 힘든 도피 생활을 시작하게 된다. 로마를 떠나 나폴리로, 몰타로, 시칠리아로, 이 도시 저 도시를 숨어 전전한다. 그러나 쫓기는 와중에도 그는 부지런히 그림을 그린 것으로 알려져 있다.

카라바조는 속죄와 참회의 뜻으로 작품을 만들었고 수난받던 인물들 안에 자신의 얼굴을 은밀히 새겨 넣었다.

그는 그림을 통해 용서를 구하고 또 구했지만 살아 있는 동안 그의 죄는 용서받지 못했다.

알파는 허망한 눈으로 바로크의 거장이 떠나간 자리를 바라보았다.

빛과 어둠을 자유자재로 다루던 천재 화가 카라바조. 그는 자신의 그림으로 수많은 이들을 빛으로 이끌었지만 정작 자신의 영혼은 가장 짙은 어둠 속에서 건져 올리지 못한 모양이다.

그는 세상이 받아들이지 못한 문제아였지만 어쩌면 마지막 순간까지 그림을 통해 구원을 갈망했는지도 모르겠다.

알파는 조용히 중얼거렸다.

바로크와 로코코

르네상스 미술 이후 17세기와 18세기는 각각 바로크와 로코코의 시대였어요. 르네상스 미술이 이성을 중요하게 생각했다면 바로크와 로코코는 감정에 호소하는 예술 사조였지요. 이 둘 사이에서도 바로크는 무겁고 어두운 반면, 로코코는 밝고 가볍다는 차이가 있어요.

○ 일그러진 진주 – 바로크

바로크는 포르투갈어로 '일그러진 진주'라는 뜻이에요. 처음에는 르네상스 미술에 비해 단정하거나 우아하지 못하다는 조롱의 뜻으로 붙여진 이름이었지요. 그러나 바로크는 나중에 전 유럽을 휩쓴 고유한 양식으로 자리매김했어요.

바로크는 역동적이고 장식적인 스타일이며, 바로크 미술을 대표하는 화가는 카라바조와 루벤스예요. 카라바조는 주위를 어둡게 하고 주인공에게만 조명을 비춰 명암의 대비를 극대화시켰어요. 루벤스는 신체의 역동성을 강렬한 색채로 화려하게 표현했지요. 렘브란트와 벨라스케스 역시 바로크를 대표하는 천재 화가랍니다.

루벤스, 〈십자가를 세움〉

○ 부드럽고 섬세한 – 로코코

부셰, 〈비너스의 화장〉

1789년 프랑스 혁명 무렵, 왕권이 약화되며 부르주아가 세상의 주인공으로 떠오르기 시작했어요. 예술가들도 부르주아나 귀족들이 좋아할 만한 장식적인 그림을 그리게 되었지요. 집을 꾸미기에 알맞도록 감미롭고 사랑스러운 느낌의 밝은 화풍이 유행한 거에요. 프랑스 로코코 미술의 전성기를 대표하는 화가는 부셰예요. 부셰는 당시 유행하는 소품이나 장식들을 그림에 사용하는 대중적인 화가였어요. 40년간의 활동 기간 동안 회화만 1천 점을 제작할 정도로 왕성하게 활동하기도 했답니다.

마스터의 보고서

바로크 미술의 거장들

루벤스 (1577-1640)

〈마리 드 메디치의 리옹 입성〉

피터 파울 루벤스는 바로크 시대를 대표하는 플랑드르 출신의 화가이다. 루벤스는 화려하고 역동적인 구도, 풍부한 색채, 관능적인 인체 묘사로 유명하다. 그는 생전에 부와 명예를 동시에 거머쥔 성공한 화가였으며, 스페인·프랑스·영국 등 유럽 여러 왕실의 궁정에서 외교관으로도 활동했다. 루벤스는 애니메이션 〈플란다스의 개〉에서 주인공 네로가 마지막 순간에 보고 싶어 했던 그림의 화가로 대중에게도 잘 알려져 있다.

렘브란트 (1606-1669)

렘브란트는 네덜란드 황금 시대를 대표하는 화가이다. 그는 빛과 어둠을 강하게 대비시켜 인물의 감정과 내면을 탁월하게 드러냈다. 대표작 〈야경〉은 명암 대비를 통해 긴장감과 생동감을 극적으로 표현한 작품으로 손꼽힌다. 렘브란트는 젊은 시절에는 큰 명성을 누렸지만 말년에는 경제적 어려움과 개인적 비극

〈야경〉

을 겪는다. 그럼에도 불구하고 그의 작품은 인간의 진실한 내면을 깊이 담아 낸 그림으로, 오늘날에도 수많은 화가들에게 영감을 주고 있다.

벨라스케스 (1599-1660)

〈시녀들〉

디에고 벨라스케스는 스페인 바로크 시대를 대표하는 화가이다. 그는 스페인 국왕 펠리페 4세의 궁정 화가로 활동하며 왕족과 귀족의 초상화를 주로 그렸다. 대표작 〈시녀들〉은 공주와 시녀들, 화가 자신, 그리고 거울 속에 비친 국왕 부부까지 등장하는 독창적인 구성을 선보였다. 이 작품은 미술사에서 가장 혁신적인 궁정 초상화 중 하나로 꼽힌다.

Break Time
바로크 VS 로코코

바로크는 묵직하고 격정적인 주제를 빛과 그림자의 대비를 통해 표현했고, 로코코는 가볍고 장식적인 내용을 밝고 화사한 색채로 그린 양식이야. 아래의 작품들을 살펴보고 바로크 미술처럼 보이는 것에는 '바', 로코코 미술로 보이는 것엔 '로'라고 써 봐.

▲ 루벤스, 〈영아 대학살〉

▲ 부셰, 〈비너스의 승리〉

▲ 카라바조, 〈성찬식〉

▲ 비제 르 브룅, 〈마리 앙투아네트〉

▲ 프라고나르, 〈그네〉

▲ 카라바조, 〈성 마태오의 부르심〉

2 사실주의

천사를 보여 주신다면

"하나, 둘, 셋. 움직이지 마세요!"

펑! 폭발음과 함께 번쩍 하고 플래시가 터지자 좁은 공간에 모락모락 연기가 피어올랐다. 채는 깜짝 놀랐지만 눈조차 돌릴 수 없었다. 자세를 단단히 고정한 상태로 1분 이상 꼼짝 않고 서 있어야 했기 때문이다.

산업 혁명 이후, 발달된 광학 기술은 마침내 '사진기'를 만들어 냈다. 사진기는 지금과는 비교할 수 없을 만큼 투박했지만, 눈앞의 모습을 그대로 담을 수 있다는 건 기적 같은 일이었다.

그러나 당시는 한순간에 셔터를 누를 수 있는 시대가 아니었다.

노출 시간이 길다 보니, 사람들은 몇 분 동안 움직이지 않고 서 있어야 했다. 그래서 사진 속 인물들은 늘 굳은 표정을 하고 있었다.

숨소리도 눈동자도 멈춘 듯한 조용한 시간…….
알파는 아까부터 콧속이 간질거리는 걸 애써 참아 왔다.

으에취!!!

으악, 깜짝이야!!

"괜찮아요. 다른 차원의 존재라니, 마음에 드네요."

채가 웃으며 말했다. 실제로 그들은 차원을 돌아다니는 여행자들이기도 했으니 말이다. 단체사진의 결과는 처참했지만 알파만 찍은 독사진은 꽤 근사했다.

"네! 이 정도면 괜찮아요. 두 장 다 해서 얼마죠?"

알파는 마음에 들었는지 생긋 웃으며 품에서 지갑을 꺼냈다.

알파는 잔뜩 흥분한 목소리로 말했다.

"19세기 후반 파리는 특별해. 자본과 예술이 만나며 새로운 문화가 펼쳐지기 시작했거든! 내가 명색이 신인데, 예술의 발전을 위해 뭔가 하나는 기여해야 하지 않겠어?"

네네와 채는 또 무슨 꿍꿍이인가 하는 얼굴로 알파를 보았다.

"자아, 그러면 새로운 화가를 찾아 떠나 볼까?"

알파는 팔을 쭉 펴고 기지개를 켜더니 당당하게 팔을 휘저으며 앞으로 걸어갔다. 그러느라 방금 찍은 사진이 팔랑거리며 뒤로 날아가는 것을 미처 보지 못했다.

"정말……, 대단하군요. 확실히 세상이 많이 바뀌었어요."

주워 준 사진을 채가 소중히 챙기는 동안 그 사내는 쓸쓸한 듯 중얼거렸다.

"우리 같은 사람들은 몇날 며칠 꼬박 그려야 겨우 초상화 한 장 완성할까 말까인데, 2분이라니……. 기계가 사람보다 훨씬 낫긴 낫군요."

　알파 일행이 향한 곳은 루브르 박물관. 그들은 거대한 전시장에서 그림을 감상하고 있었다. '살롱전'이라 불리는 이 전시에는 프랑스 왕립 회화·조각 아카데미의 주관 아래, 엄격한 심사를 받은 작가들의 작품이 전시되어 있었다.

　살롱전은 근대 미술관의 시작이기도 했다. 오로지 감상을 위해 일반인에게 최초로 공개된 전시였으니 말이다.

　높은 층고를 자랑하는 벽면에는 웅장하고 아름다운 그림들이 빈틈없이 걸려 있었다. 수많은 관람객들이 밀치는 공간에서 알파는 목이 아프도록 고개를 들고 그림들을 살펴보았다.
　모두 훌륭한 그림이었지만, 안타깝게도 그곳의 작품들은 다 비슷해 보였다. 결점 없는 피부, 정교하게 다듬은 윤곽, 완벽한 테크닉……. 감탄도 잠시, 알파는 슬슬 지겨워졌다.

기술이나 구도는 완벽했지만 그림이 주는 메시지는 한결같았다. 바로 역사 속 영웅이나 성경과 신화 속 이야기였다. 완벽한 몸매의 신과 영웅들이 옷을 벗고, 포즈를 취하고 있었으며 천사들은 순결한 표정으로 하늘을 날고 있었다. 그런 그림들을 수백 점 넘게 보다 보니 지치는 것도 당연했다.

그때 채가 루브르 건너편의 목조 건물을 보며 말했다.

간판에는 '리얼리즘'이라는 제목이 쓰여 있었다.

"이 시대에 살롱전 말고 다른 전시회가 또 있었단 말이야?"

알파가 놀란 목소리로 묻자 네네가 손뼉을 짝 하고 쳤다.

"아, 알겠다! 쿠르베라는 화가가 살롱전에 거부당한 자기 그림들을 모아서 1855년에 첫 전시를 열었다고 들었어요!"

'화가가 직접 전시회를 만들었다고? 그것도 살롱전 바로 맞은 편 건물에?'

알파는 깜짝 놀랐다. 하긴, 그러지 말라는 법도 없었다. 아무도 인정해 주는 사람이 없다면 자기 돈으로 사람들을 모으면 그만이 니까. 나름 굉장히 신선한 아이디어 아닌가.

자세히 들여다보니, 이 그림은 정말로 작가의 고향 마을 오르낭에서 벌어진, 지극히 평범한 장례식 풍경을 그리고 있었다.

장례식이 지루했는지 사람들의 얼굴은 하나같이 무표정했다. 마을 사람들이 모두 모였지만, 정작 장례식에 관심 있는 사람은 아무도 없어 보였다. 비통함도, 숭고함도 없는 초라한 현실이 캔버스 위에 묵묵히 펼쳐져 있었다.

사실 장례식은 당시 회화에서 자주 쓰이는 소재였다. 조금 전 살롱전에서도 무수한 작품들이 귀족과 영웅의 장례식을 표현하고 있었다. 사람들이 모여 슬퍼하는 가운데, 고인의 숭고한 영혼이 하늘로 올라 성인 품에 안기는 장면. 하지만 〈오르낭의 장례식〉에선 그런 환상을 아예 찾아볼 수 없었다.

엘 그레코, 〈오르가스 백작의 매장〉

귀스타브 쿠르베, 〈오르낭의 장례식〉

그래서였을까? 평론가는 한심해 죽겠다는 듯 고개를 절레절레 흔들며 계속 구시렁거렸다. 이 그림을 그린 화가에게 톡톡히 망신이라도 주고 싶은 모양이었다.

"허허, 영웅도 없고, 위대한 사건도 없고, 천사도 없는 이따위 내용을 보고 감탄하라는 듯 크게 그려 놓다니······."

채는 터져 나오는 웃음을 참기 어려웠다. 그야말로 통쾌한 한 판승이었다. 이 전시회의 이름이 '리얼리즘'이었던가? 우리말로는 사실주의라는 뜻이니, 쿠르베라는 화가가 무엇을 그리고자 했는지 알 것 같았다.

그는 상상 속에 존재하는 신화와 전설이 아닌, 지금 이 순간 우리 눈앞에 존재하는 현실과 진실을 그리고 싶었던 것이다. 그렇게라도 해서 진실을 외면하고 살고 있는 세상 모두에게 경각심을 주고 싶었던 게 아니었을까?

알파는 신이 나서 채와 네네를 불렀다.

"채, 네네! 나 찾은 것 같아. 새로운 화가 말이야."

알파의 눈은 확신에 차 있었다. 쿠르베의 그림에서 분명히 무언가를 느낀 게 틀림없었다. 네네는 심드렁하게 대꾸했다.

"쳇, 이 아저씨 정말 그림 보는 눈은 있나 보네."

한편, 평론가는 아무 말도 못하고 전시장을 나갔다. 평론가에게 시원하게 골탕을 먹였지만 쿠르베의 마음은 그다지 편하지 못했다. 통쾌함보다는 허탈함이 더 컸던 탓일까?

대중과 평단 모두에게 떳떳하게 인정받고 싶은 것이 어쩌면 그의 속마음이었을지도 모른다.

그때 알파가 쿠르베에게 손을 내밀었다.

쿠르베 씨!

뭐, 뭐죠?

저는 파리의 아트 딜러입니다. 그림을 사고팔고, 전시하고, 작가를 소개하는 일을 하지요. 당신의 그림을 세상에 소개하고 싶어요!

그러자 채가 다가와서 거들었다.

"하지만 현실이 각박할수록, 또 사진 기술이 발달할수록 화가가 해야 할 일들은 분명해지겠죠."

쿠르베도 채의 얼굴이 기억난 것 같았다. 사진관 앞에서 마주친 그 남자가 분명했다. 쿠르베는 멍하니 중얼거렸다.

"가령, 사람들이 외면해 온 진실을 보여 준다거나……?"

쿠르베는 천천히 고개를 끄덕였다. 드디어 내 그림에 진심으로 관심을 가져 주는 사람들이 나타나다니. 살롱전에서 거부당한 뒤, 자비로 전시관을 세우고 세상의 벽에 홀로 맞섰던 날들이 눈앞에서 스쳐 지나갔다.

이 낯선 후원자들은 과연 누구일까? 아니, 사실 상관없었다. 이 미술계를 바꾸고 싶었던 사람은 바로 쿠르베 자신이었으니 말이다. 그의 마음에 새로운 희망이 물결을 일으키는 듯했다.

근대의 미술

○ 초기 근대 미술

신고전주의 르네상스 이후 근대 미술은 '초기 근대'와 '후기 근대'로 구분할 수 있어요. 초기 근대의 신고전주의는 로코코에 대한 저항으로 시작되었어요. 연약하고 여성적인 이미지의 로코코 양식과는 정반대로, 강인하고 남성적이며 이성적인 모습으로 돌아간 거예요. 이때의 미술은 고대 그리스·로마 미술과 비슷했기 때문에 '신고전주의'라고 불러요. 이때의 작품들은 주로 성경, 신화, 고대사 등을 다루었지요.

다비드, 〈소크라테스의 죽음〉

낭만주의 '낭만주의'는 신고전주의가 너무 엄숙하다는 생각에서 탄생했어요. 그래서 낭만주의는 창작하는 사람의 주관적인 표현을 가장 중요하게 생각하지요. 즉, 자유로운 공상과 환상의 세계를 그리는 양식이에요. 감성을 중시한다는 점에서는 바로크, 로코코와 비슷하지만 화려한 장식보다는 화가의 강렬한 내면을 중요하게 표현한다는 것이 차이점이에요.

들라크루아, 〈사르다나팔루스의 죽음〉

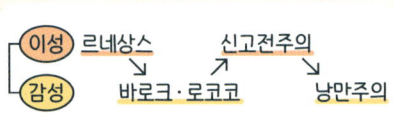

초기 근대 미술은 신고전주의와 낭만주의의 대결이었어요.

○ 후기 근대 미술

'사실주의'는 낭만주의가 갖고 있는 과장된 아름다움에 저항하며 탄생했어요. 사실주의 화가들은 이상적인 세계가 아니라 실제로 존재하는 세계를 그리고 싶어 했지요. 초라한 현실을 포장하지 않고 있는 그대로 그려 내려는 노력이었어요. 이전의 그림들이 역사 속 영웅, 도자기 같은 피부의 여신, 한껏 치장한 귀족들을 그렸다면 사실주의 미술은 노동자들의 남루한 삶이나 주변에서 볼 수 있는 가난한 이웃, 그리고 고된 노동의 현장을 있는 그대로 표현했어요.

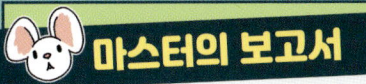
마스터의 보고서

사실을 그린 화가, 쿠르베

19세기 중반, 산업 혁명 이후 사람들의 삶은 빠르게 달라졌고, 사진기가 발명된 이후엔 예술가들 사이에서 '화가는 무엇을 그려야 하는가?'라는 질문이 생겨났다. 당시 미술계는 왕실이 주도하는 살롱전에 전시된 그림만이 명작으로 인정을 받았는데 심사위원들이 좋아하는 그림은 신고전주의와 낭만주의 형식의 그림이었다. 이 그림들의 주제는 주로 신화나 성경 속 장면, 고대의 영웅 이야기 등으로 일반 서민들의 삶과는 동떨어진 내용들이었다. 그러나 프랑스의 화가 귀스타브 쿠르베는 환상이나 상상이 아닌 있는 그대로의 사실을 담고 싶어 했다. 쿠르베가 말한 '사실'은 단순히 눈에 보이는 것만을 베껴 내는 것이 아니었다. 그가 말하는 사실은 우리 주변의 진실된 삶을 뜻했다.

아름다운 천사 그림을 요구하는 고객에게 쿠르베가 "나는 천사를 본 적이 없으니 그릴 수 없습니다."라고 대답했다는 일화는 유명하다. 영웅이나 천사가 아니라, 길에서 마주치는 평범한 사람들, 힘든 노동에 지친 농부와 석공들, 가난 속에서도 힘차게 살아가는 이웃들의 모습을 그림으로 남기고 싶었던 것이다.

쿠르베의 대표작 중 하나인 〈화가의 아틀리에〉는 그의 생각을 잘 보여 주는 작품이다. 그림 속에는 캔버스를 마주하고 그림을 그리는 화가 쿠르베 자신이 등장한다. 화가의 앞에는 아름다운 누드모델이 서 있지만, 쿠르베는 모델 대신 소박한 시골의 자연을 그리고 있다. 오른쪽에는 부르주아와 지식인들이, 왼쪽에는 노동자와 농부들 등 가난한 서민들이 모여 있다. 화가는 부유한 사람이나 지식인뿐 아니라 가난하고 소외된 모든 계층의 삶까지 모두 담아야 한다고 생각한 것은 아니었을까? 쿠르베의 사실주의는 시간이 지나면서 새로운 미술의 길을 열었다는 평가를 받았다.

귀스타브 쿠르베, 〈화가의 아틀리에〉

Break Time
숨은 그림 찾기

커다란 짐을 들고 어딘가로 향하는 쿠르베 씨를 만난 알파와 채. "안녕하세요, 쿠르베 씨!"하고 반갑게 인사하고 있어. 이 장면에 숨어 있는 그림이 일곱 개 있다는데 눈을 크게 뜨고 한번 찾아봐!

숨은 그림								
	뼈다귀	우산	셔틀콕	카드	수박	빗	바늘	

3
전기 인상주의

지금 이 순간

알파의 안목은 특별했고 판단은 탁월했다. 쿠르베의 전시는 알파의 후원을 받아 계속 이어졌고 결국 입소문을 탔다. 프랑스에서는 논란이 되었지만 스위스, 독일, 벨기에와 같은 다른 나라에서의 반응은 나쁘지 않았다. 유럽 각지의 수집가들이 앞다투어 쿠르베의 그림을 사들였고 그를 응원했다.

마네의 캔버스엔 작업 중인 그림이 있었다. 발코니에 앉아 건너편을 바라보는 두 여인과 한 남자. 마네는 짙은 색 물감을 섞어 그림자 부분에 덧칠을 하다가도 다시 한숨이 나왔다.

'과연 내 그림을 알아봐 줄 사람이 있을까?'

마네는 쿠르베처럼 현실에 저항할 생각은 없었다. 그는 파리의 엘리트 교육 기관인 왕립미술학교에서 정식 교육을 받았고, 당시의 성공한 화가들이 밟은 길을 그대로 따라가고자 했다.

　당시의 사람들은 우아하고 아름다운 그림을 보기 위해 전시관을 찾았다. 그런데 마네의 그림은 이상하게 보는 사람의 마음을 불편하게 하는 특징이 있었다.

　평범한 성공을 원했던 마네에겐 원치 않은 결과였다. 그는 비난의 목소리가 들려오는 듯 머리를 쥐어뜯었다.

둘 다 평론가들에게 좋은 평가를 듣지 못한 불우한 화가였지만 마네와 모네는 서로의 그림을 응원해 주며 친하게 지냈다.

"어쩐 일이야? 그 짐은 또 뭐고. 어디 여행이라도 가게?"

마네는 캔버스와 이젤, 물감까지 바리바리 싸들고 온 모네를 보고 물었다.

"응! 밖에서 그리려고. 같이 갈래?"

"뭐? 그림을 나가서 그린다고? 밖에서? 어떻게?"

마네가 황당하다는 표정을 짓자 모네는 푸하하 하고 웃음을 터뜨렸다. 모네는 활달한 목소리로 말했다.

"가기 전에 소개해 드릴 분들이 있어. 자, 들어오세요."

 이게 꿈인지 생시인지 의심스러워 마네는 자기 볼을 꼬집어 보았다. 무명 작가 쿠르베가 후원자들의 도움으로 활동을 계속할 수 있었던 것처럼, 자신에게도 기회가 온 걸까?
 그보다, 뭐라고? 배에서 그림을 그릴 수 있다고? 그것 참 멋진 아이디어였다. 왜 그동안 그 생각을 못했을까?

지금까지의 화가들은 작업실 안에서 인공적인 빛으로 그림을 그렸다. 바깥 풍경을 담기 위해 외부에서 스케치를 해도 채색은 실내에서 마무리를 하는 식이었다.

하지만 1841년부터는 상황이 달라졌다. 금속 튜브 물감이 발명되었기 때문이다. 이전엔 돼지 방광과 같은 동물의 장기에 불안하게 물감을 넣었지만 튼튼한 금속 튜브에 물감을 넣으면 야외에서도 충분히 그림을 그릴 수 있었다.

게다가 19세기는 증기 기관차의 시대였다.

　알파와 채, 그리고 마네는 두런두런 이야기를 나누었지만 모네는 말없이 차창 밖을 바라보았다. 그는 지나가는 모든 빛을 놓치지 않고 바라보려는 것 같았다. 속도에 따라 풍경들은 뭉개진 것처럼 보이기도 했고 여러 색이 섞여 보이기도 했다. 같은 건초더미라도 순간순간 보이는 색상이 달랐다. 그 순간 정확한 형태가 아닌 뜨거운 인상만이 모네의 마음속에 남았다.

몇 시간 후, 기차는 굉음을 내며 목적지에 도착했다.

마네와 모네가 알파를 따라 항구로 다가가니 미리 준비된 작은 요트가 묶여 있었다.

"…이 배가 설마?"

모네가 떨리는 목소리로 묻자 알파는 미소를 지었다.

"아아! 정말 좋군요."

성큼 요트 위로 올라 선 마네는 신이 나서 감탄했다. 그들을 태운 배는 천천히 항해했다. 시원한 바닷바람이 불어왔다. 끝없이 이어진 수평선을 보자 마네의 마음이 뻥 뚫리는 것 같았다.

늦은 오후의 구름은 어느덧 주황빛으로 물들어 갔다. 바다 위를 스치고 불어오는 짭짤한 바람이 그의 콧수염을 간질였다.

여기에서 오래오래 천천히 그림을 그리면 정말 좋겠군. 그렇지 않아, 모네?

자, 자네 뭐 하나?

여유로운 마네와는 달리 모네는 무척 바빠 보였다.

그 순간에도 분홍빛 구름은 둥실둥실 흘러갔다. 그러니 당장 그림을 그려야 했다. 세부 묘사에 일일이 신경 쓸 시간이 없었다. 순간의 빛과 그림자는 금세 지나가 버리므로 그는 다소 거칠게 터치하면서 풍경을 남겼다. 채는 그림 앞으로 다가가더니 다시 한 걸음 물러서기도 하며 그림을 바라보았다.

"어떠세요? 너무 알아보기 힘든가요?"

모네가 떨리는 목소리로 묻자 채가 대답했다.

"참 신비로운 그림이에요. 가까이에서 보면 거칠지만, 멀리서 보면 모든 것이 오묘하게 어우러져 감정이 느껴져요."

"그, 그런가요?"

모네는 코를 쓱 훑으며 자신의 그림을 바라보았다.

"신화나 환상 속 아름다움도 좋지만 지금 이 순간을 기록하는 그림을 그리고 싶었거든요. 새벽의 여명, 한낮의 바람, 석양의 땅거미, 자정의 별빛……. 기록하지 않으면 스쳐 지나가 버리는 찰나의 순간들 말이에요."

 '맞아요. 두 분 그림은 정말 많은 사람들에게 사랑을 받게 될 거예요. 그러니 힘내세요.'

 채는 차마 먼 훗날의 일을 말하지 못하고 조용히 마음속으로만 큰 소리로 외쳤다.

 사람들은 새로운 시도를 이질적이고 불편하게 느꼈지만 세상은 서서히 바뀌어 가고, 미술을 바라보는 시선 또한 점점 달라질 것이다. 드가의 사소하지만 감각적인 일상, 쇠라의 과학적인 점묘 기법, 르누아르의 부드러운 시선이 담긴 장면들……. 오늘날 우리가 명화로 기억하는 대부분의 작품들은 당시에는 모두 외면 받던 그림들이었다.

"아, 이렇게 해 보는 건 어떠십니까?"

모네가 그린 그림을 한참 바라보던 알파가 좋은 생각이 났는지 손뼉을 짝 하고 쳤다.

"작가님들과 비슷한 생각을 가진 화가들을 모아서 합동 전시회를 여는 겁니다! 살롱전에 출품 못 한 분들 말이에요."

그렇게 1874년 봄, 파리에서 '화가, 조각가, 판화가 협동 조합의 전시회'라는 이름의 조촐한 전시회가 열렸다. 화려하지는 않았지만 무명 화가들이 꿈을 펼치기엔 충분한 공간이었다.

참여한 작가들은 모네, 르누아르, 드가, 피사로, 시슬레, 베르트 모리조, 그리고 세잔……. 지금은 이름만 들어도 쟁쟁한 화가들이지만, 이때까진 모두 낙선전의 단골손님들이었다.

입장 시간이 되자 일반 관객들뿐 아니라 평론가들, 사진기자들까지 우르르 몰려들었다. 모네는 네네가 알려 준 체조를 몇 번이나 해 봤지만, 쿵쾅거리는 가슴을 도무지 진정시킬 수 없었다. 평론가들은 동료들의 그림을 하나하나 분석하듯 뜯어보았다. 그리고 평론가들의 걸음은 모네가 출품한 〈인상, 해돋이〉 앞에서 멈추었다. 모네는 그들의 얼굴이 작품 앞에서 싸늘하게 식는 것을 보았다.

당시의 평론은 지금의 SNS보다 훨씬 더 강한 영향력을 가졌다. 비평 한 줄로도 화가의 평생을 좌우할 정도였다. 이미 여러 차례 낙선으로 마음의 상처가 깊은 데다 인정받고 싶은 갈망과 불안으로 모네는 이미 약해져 있었다.

다음날 아침, 조간신문에는 전시회에 대한 기사가 실렸다. 안타깝게도 내용은 거의 모욕에 가까운 공격이었다.

'화가, 조각가, 판화가 협동 조합'이라는 다소 낯선 이름의 전시회는 말 그대로 끔찍했다. 전시장은 다락방 같았고, 그림들도 정체불명의 얼룩들로 가득했다. 마치 물감통을 쏟은 것처럼 형태조차 알아보기 힘든 그림들이 많았다.

모네는 더 이상 전시회장에 머무를 수 없을 것 같았다. 신문에 쓰인 짧은 문장들은 가시가 되어 모네의 가슴을 쿡쿡 찔렀다. 정말 내 그림이 유치한 낙서에 불과한 걸까? 모네는 늘 생활비 걱정에 시달렸다. 일곱 살 난 아들을 바라볼 때마다 마음은 더 무거워졌다. 그럴수록 더욱 절박한 마음으로 그림을 그렸지만, 이제는 그마저도 흔들리는 것 같았다.

　채와 모네는 어느 공원 벤치에 나란히 앉았다. 한번 눈물샘이 터져 버린 모네는 어린아이처럼 한참 동안 훌쩍였고 채는 조용히 그를 기다려 주었다. 말없이 앉아 있는 동안에도 거리의 빛과 그림자는 구름처럼 흘러가고 있었다.

　"면목 없습니다. 이렇게까지 도와주셨는데……, 흑. 전시회는 망했어요. 제 인생도 망했고요."

　모네는 빨개진 코를 찡긋하며 멋쩍게 웃었다.

　"인상주의라는 부끄러운 별명만 남았네요. 하하하."

"기억나세요, 작가님? 저희가 다 같이 기차와 배를 타고 그림 여행을 떠났을 때 봤던 풍경들 말이에요."

모네는 눈을 동그랗게 뜨고 채를 바라보았다. 채는 정말 신이 난 듯한 표정이었다.

"형태는 명확하지 않아도 그 순간의 색채들은 마음에 강한 인상을 남겼지요. 우리 마음속에 오래오래 기억되는 것은 결국 그런 것들 아닌가요?"

모네는 벤치에 앉은 채 한동안 아무 말 없이 하늘을 올려다보았다. 구름이 걷히고 해가 나오자 공원의 모든 것들이 다른 옷을 갈아입은 것처럼 눈부신 빛과 짙은 그림자를 펼치며 확실하고 분명한 인상을 주었다.

"그러네요……, 맞는 말씀입니다."

이번엔 눈물이 아니라 조용한 미소가 그의 입가에 번졌다.

인상주의.
처음엔 조롱처럼만 들렸어요.

그런데 제 그림을 알아본 사람들이 붙여 준 고마운 별명이었군요.

보이는 그대로를 그려라

○ 인상주의

후기 근대 미술은 '사실주의'와 '인상주의'로 발전했어요. 인상주의도 사실주의처럼 신고전주의나 낭만주의에 대한 저항으로 탄생한 미술 사조예요.

인상주의는 19세기 말, 프랑스를 중심으로 시작되었어요. 인상주의 화가들은 이전 미술들의 비현실적이고 과장된 표현법을 벗어나 일상의 삶과 자연을 그려 내려고 했지요. 사실주의 화가들이 가난한 민중의 노동처럼 정치·사회적인 부분을 강조했다면 인상주의는 단지 눈에 '보이는 것'을 꾸밈없이 그려 내려고 했다는 게 차이점이에요.

마치 태어나서 처음 세상을 보는 아기처럼 순수하게 있는 그대로를 본다는 것은 어려운 일이에요. 인상주의 화가들은 개념이나 이념을 걷어 내고 순수하게 보이는 그대로를 그리려고 했어요. '흰색 컵'을 그리는 게 아니라 태양 아래서 순간적으로 반짝이는 컵 표면의 색깔에 집중한 것이지요.

○ 다양한 인상주의 화가

대표적인 예술가는 모네, 마네, 르누아르, 드가, 로댕 등이 있어요. 이들 모두를 '전기 인상파 화가'라고 부르지만 이들의 그림에서 공통점을 찾기 어려울 정도로 저마다 다채로운 표현 기법을 자랑하고 있어요. 주제에서 공통점을 찾자면 기존의 고전주의와 낭만주의가 갖고 있는 무거움에서 벗어나 지금 이 순간의 이미지와 일상을 그리려고 했다는 거예요.

사실주의		인상주의
농민, 노동자, 가난한 사람 등 사회 현실적인 주제	주제	자연 풍경, 빛과 순간적인 인상 등 일상적이고 친근한 주제
사실처럼 있는 그대로 묘사	표현 방식	순간의 느낌을 빠른 붓질로 표현

마스터의 보고서

인상주의의 대표 화가들

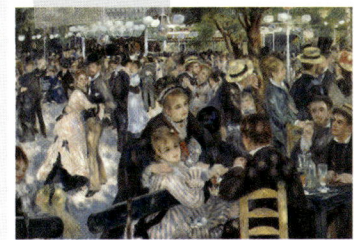

르누아르, 〈물랭 드 라 갈레트의 무도회〉

르누아르 (1841~1919)

피에르 오귀스트 르누아르는 인상주의를 대표하는 프랑스 화가이다. 그는 빛과 색채를 따뜻하고 부드럽게 표현하는 데 뛰어났으며, 특히 사람들의 행복한 일상을 그려 낸 것으로 유명하다. 그림 속 인물들은 밝고 생기 넘치는 표정이며, 배경은 햇살을 가득 담은 색감으로 빛나고 있다. 대표작인 〈보트 위의 점심 식사〉나 〈물랭 드 라 갈레트의 무도회〉에서는 친구들과 함께 웃고 즐기는 순간들이 생생하게 담겨 있다.

드가 (1834~1917)

에드가 드가는 인상주의 화가 중에서도 독특한 시선을 가진 예술가이다. 그는 빛의 변화보다는 인물의 움직임과 순간적인 포즈를 포착하는 데 관심을 가졌다. 특히 발레리나들의 연습 장면과 무대 뒤 풍경을 자주 그려, 땀 흘리며 노력하는 예술가들의 모습을 사실적으로 표현했다. 드가는 일상의 소소한 순간을 섬세한 관찰력으로 표현하며, 인상주의 속에서 자신만의 자리를 만들어 갔다.

드가, 〈발레 수업〉

로댕 (1840~1917)

오귀스트 로댕은 19세기 후반 프랑스를 대표하는 조각가로, 현대 조각의 아버지라고 불린다. 그는 매끈하고 이상적인 조각 대신, 거칠고 생생한 표면을 통해 인간의 감정과 고뇌를 표현했다. 대표작 〈생각하는 사람〉은 깊은 고민에 잠긴 인간의 모습을 보여 주며, 지금까지도 많은 사람들에게 사랑받는다. 로댕은 조각이 단순히 아름다운 형태를 만드는 것이 아니라, 인간의 마음을 드러내는 예술이라는 것을 보여 주었다.

로댕, 〈생각하는 사람〉

Break Time
맞는 문장 찾기

근대 이후 미술 사조에 대해 짤막하게 적은 다음 문장들 중엔 맞는 것도 있고 틀린 것도 있어. 사실을 설명한 문장만 골라서 연결된 글자를 순서대로 모아 봐. 어떤 말이 나올까?

- 바로크는 포르투갈어로 '일그러진 진주'라는 뜻이다. **인**
- 사실주의는 노동자들의 남루한 삶을 그려 냈다. **상**
- 바로크 미술은 부르주아와 귀족들이 즐길 수 있는 장식적인 그림이다. **세**
- 인상주의가 시작된 곳은 프랑스 파리다. **주**
- 신고전주의의 주제는 서민들의 일상이었다. **별**
- 드가와 르누아르는 주로 자연을 그리지 않았기에 인상주의에 포함되지 않는다. **화**
- 낭만주의는 화가 개인의 주관적 표현보다 이성을 중요하게 여겼다. **구**
- 인상주의 화가들은 눈에 보이는 순간의 느낌을 표현하고자 했다. **의**

4 후기 인상파

별이 빛나는 밤

어느 저녁, 알파는 몽마르트르 언덕 위에서 도시를 내려다보며 마스터에게 말했다. 해가 기울면 젊은 화가들의 꿈들이 골목마다 피어나고, 센 강 위 하늘은 낮보다 풍부한 색채로 번져 갔다. 보랏빛, 푸른빛, 노란빛, 초록빛으로 타오르는 별들. 알파는 어두운 하늘 너머로 두고 온 그의 행성이 손에 잡힐 것 같았다.

얼떨결에 시작한 예술 여행이었지만 알파는 이 시기의 예술에 푹 빠져 있었다. 오랜 시간이 지나도 여전한 감동을 주는 명화들이 쏟아지던 시기였다. 모네를 비롯한 화가들은 평론가들의 악평에도 굴하지 않고 계속 새로운 도전을 해 왔다.

그 무렵, 알파는 오래 준비해 온 계획대로 파리에 작은 갤러리를 열었다. 그곳은 예술가들의 숨결이 살아 있는 아지트이자 인상주의가 스며드는 공간이었다.

남자는 갤러리 안으로 들어오면서 명함을 건넸다.

"테오도뤼스 반 고흐입니다. 보시다시피 저도 파리에 있는 갤러리를 관리하고 있어요. 드가, 피사로, 모네의 그림을 손님들에게 더 많이 소개하고 싶은데……. 사장님은 아직 신고전주의 화풍을 좋아하셔서 생각만큼은 못 팔았네요."

오늘 처음 만난 사이지만 미술에 대한 취향이 비슷해서일까? 테오와 알파 일행은 마치 오래된 친구처럼 많은 이야기를 나누었다.

"그럼 테오 님은 어떤 화가를 제일 좋아하세요?"

알파가 액자의 높이를 맞추며 물었다.

"제가 제일 좋아하는 화가요? 음……."

잠시 망설이던 테오가 고개를 숙였다.

"한 명 있기는 한데……, 그렇게 유명한 화가는 아니에요."

테오는 주머니를 더듬어 지갑을 꺼냈다. 지갑 안쪽에는 꼬깃꼬깃 접힌 종이가 한 장 들어 있었다. 테오가 조심스럽게 종이를 펼치자 펜으로 슥슥 그린 스케치가 드러났다.

제가 가장 좋아하고 존경하는 화가, 빈센트 반 고흐.

저의 형입니다.

그 무렵, 프랑스 남부 아를.

    빈센트 반 고흐는 노란 집에서 그림을 그리고 있었다. 팔레트 위에 노란 튜브 물감을 있는 힘껏 짜 보았지만 더 이상 나오지 않았다.

    그동안 너무 아낌없이 썼기 때문일까? 물감이 또 떨어지고 말았다. 고흐는 거울과 캔버스를 번갈아 보며 생각했다.

    '하아, 어쩌지. 테오가 보내 준 돈도 얼마 안 남았는데. 이번에 또 새 물감을 사려면 며칠 굶어야겠군.'

그는 가난한 화가였기에 모델을 살 수 있는 돈이 없었다.

그래서 그의 그림 속 초상화의 주인공은 매번 고흐 자신이었다.

고흐는 서른이 가까운 나이에 본격적인 화가의 길로 들어섰다. 하지만 화가가 된 이후에도 나아지는 것은 없었다. 매일 열심히 그림을 그렸지만 그의 작품은 제대로 팔리지 않았으니 말이다. 그런 그를 인정해 주는 유일한 사람은 바로 동생 테오였다.

　테오는 형의 낡은 편지를 소중하게 읽어 보고는 다시 고이 접어 품속에 넣었다.

　"우리는 이렇게 자주 편지를 주고받아요. 형은 잘 지낸다고 했지만……, 아마 경제적으로 많이 힘들 거예요. 형이 아무 걱정 없이 행복하게 그림을 그리면 좋겠어요."

　묵묵히 이야기를 듣던 알파가 테오에게 물었다.

　"고흐 작가가 주로 해바라기를 많이 그린다고 했었나요?"

평론가들의 평판이 한번에 나아지지는 않았지만 전시회가 거듭될수록 찾는 손님들은 점점 더 많아졌다. 인상주의 화가들을 꾸준히 후원해 온 알파와 채, 네네는 전시회 준비부터 도움을 주기 위해 찾아가곤 했다.

그렇게 열심히 간판 위치를 지시하던 알파는 뒷걸음질치다가 스케치북을 든 청년과 부딪히고 말았다.

"아이고, 미안합니다."

알파는 바닥에 떨어진 스케치북을 주워 주며 말했다.

"오호, 그림 그리시는 분이군요. 제가 잠시 봐도 될까요?"

미술사 여행을 하며 작품을 보는 기본적인 눈이 생긴 알파였다. 그런데 이 청년의 그림은 뭔가 이상했다.

병은 불안정하게 기울어져 있고 테이블의 끝선은 맞지 않았다. 사과의 모양은 묘하게 찌그러졌으며 색채의 명암도 다르게 느껴졌다.

'저런, 재능이 없는 화가 지망생인가 보군.'

알파는 애잔한 눈으로 청년을 바라보더니, 스케치북을 건네주며 물었다.

"혹시 이름이 어떻게 되시죠?"

"폴이라고 합니다. 예전에 인상주의 화가들과 전시를 한 적도 있는데 기억 안 나시나 보네요."

폴? 어디서 많이 들어본 이름 같았지만 선뜻 생각이 나진 않았다. 그저 화가를 직업으로 삼은 이가 그림을 못 그리니 참 안됐다고 생각할 따름이었다.

알파를 구석으로 끌고 간 네네는 버럭 화를 냈다.

"으잉? 저 사람 유명한 화가야? 그런데 그림이 좀 이상하던데? 형태도 안 맞고."

알파는 아까 본 그림을 떠올리며 뒷통수를 긁적거렸다.

"아저씨, 열 명의 화가가 같은 사물을 봐도 열 종류의 그림이 나와요. 보이는 대로 그리는 게 아니라 화가의 눈으로 재구성해서 그려야 하니까요! 세잔은 하나의 그림에 여러 시점을 그려낸 위대한 화가라고요!"

옆에 있던 채도 웃으며 말을 받았다.

"세잔의 그림은 누가 봐도 매끈하게 잘 그린 그림은 아니죠."

생 빅투아르 산

그날 저녁

알파는 세잔의 그림을 갤러리에서 가장 잘 보이는 곳에 걸어 두었다.
여전히 좀 어렵지만 자주 보니 매력이 느껴지는 것도 같았다.

"오! 이 작품 세잔 아니에요? 요즘 제가 관심 있게 보고 있는 화가인데."

그때 오랜만에 갤러리 앞을 지나가던 테오가 반갑게 인사하며 다가왔다.

"테오! 이게 얼마 만이에요!"
"어서 와요! 저녁은 먹었어요? 같이 먹으러 가요!"

아침에 이 아저씨가 세잔에게 얼마나 무례하게 굴었는지 알아요?

갤러리 근처의 카페테라스에서 그들은 함께 저녁을 즐겼다.
맛있는 식사와 즐거운 대화로 파리의 밤은 깊어 갔다.

"사실……, 형의 룸메이트였던 고갱은 제가 형 몰래 구한 사람이었어요. 형에게 친구를 만들어 주기 위해, 고갱의 빚을 대신 갚아 주는 조건으로 형과 함께 살게 했던 거죠."

채는 무슨 일이 있었는지 짐작할 수 있을 것 같았다. 성격이 강한 두 예술가가 한 집에 산다는 것은 쉬운 일이 아니었기 때문이다.

실제로 고갱과 고흐는 싸우는 날이 많았다. 성격, 생활 방식, 예술관까지 모든 것이 다른 두 사람은 하나부터 열까지 맞는 게 없었다. 게다가 경제적으로 넉넉하지 않았던 둘의 일상은 매일이 전쟁 같았다.

"형의 상태는 점점 나빠져서, 지금은 정신 병원에서 지내게 되었어요."

"저런……."

채는 걱정스러운 눈빛으로 테오를 바라보았다.

"하지만 너무 걱정 마세요. 형은 병원에서도 계속 그림을 그리고 있으니까요……."

슬픈 소식을 전하면서도 테오는 희망을 믿는 듯 애써 웃어 보였다. 채와 알파, 네네도 화답하듯 미소를 지었다.

테오와 알파 일행이 점점 가까워지는 동안 고흐의 시간도 빠르게 흘러가고 있었다.

생레미 정신병원. 고흐의 병은 나아질 기미를 보이지 않았다. 발작 증세와 망상이 반복되었고, 환청과 환시에 시달리기도 했다. 하지만 가끔씩 제정신이 들 때면 놀라울 정도로 안정적이고 창조적인 상태가 되었다.

'그림을 그려야 해……. 발작이 다시 시작되면, 그림을 영영 완성하지 못할 수 있어…….'

폭풍 같은 혼란이 지나갈 때마다 고흐는 빠르게 그림을 그렸다. 1년 동안 약 150점이나 되는 그림을 그렸다고 하니, 이 시기에 고흐가 얼마나 절박했는지 쉽게 짐작할 수 있다.

〈별이 빛나는 밤에〉
〈사이프러스가 있는 밀밭〉
〈아이리스〉

오늘날 그를 대표하는 아름다운 명화들은 바로 이 시기에 그려진 작품이었다.

　그날 오후 산책을 나간 고흐는 길가에 피어난 아몬드 나무를 보았다. 겨울의 끝자락, 남프랑스의 차가운 공기 속에서도 나무의 가지마다 작은 꽃망울이 맺혀 있었다. 상처투성이인 마른 가지에 순수하게 매달린 꽃은 환희와 영광처럼 느껴졌다. 태어날 조카 빈센트를 떠올리니 고통과 절망으로 억눌린 자신의 삶에도 새하얀 꽃이 피어나는 것만 같았다.

"저도 훌륭한 그림이라고 생각해요. 그런데 형의 그림을 여러 곳에 소개도 해 보고 평론가들에게도 보여 줬지만 평가는 차갑기만 하네요."

테오는 한숨을 푹 쉬며 말했다.

그때 네네가 테오의 손을 덥석 잡았다. 네네는 그의 눈을 똑바로 보며 말했다.

"아저씨, 걱정하지 마세요. 빈센트 반 고흐는 앞으로 세상 모든 사람들이 가장 사랑하는 화가 중 한 명이 될 거예요!"

 테오는 다정한 예술 애호가들의 위로에 가슴이 뭉클해지는 것을 느꼈다. 하지만 정말 그런 날이 오게 될까? 상처투성이인 무명의 화가가 인정받는 날이 찾아오기나 할까?

 그는 고개를 숙이고 작은 목소리로 되물었다.

 "…정말 그렇게 될까요? 못 믿겠어요. 세상 사람들이 정말 형의 그림을 좋아하게 된다고요?"

 대답이 들리지 않자 그는 조심스럽게 고개를 들어 보았다.

마음의 빛깔을 그려라

○ 후기 인상파

자신만의 독특한 방법으로 인상주의를 넘어서려고 노력한 화가들이 있어요. 이들을 인상주의 이후에 나타난 화가들이라는 뜻으로 '후기 인상파'라고 부르지요. 이들의 그림은 전기 인상주의 화가들보다 더 개인적이고 주관적인 경험이 들어가 있어요.

대표적인 후기 인상파 화가로는 고흐, 고갱, 세잔 등이 있지요. 이들은 단순하게 자연을 기록한 것이 아니라 화가 자신만의 감정과 사상을 강하게 반영했어요. 그러다 보니 색채나 선의 형태가 왜곡되기도 하고 과장되기도 했지요. 고흐는 격정적인 붓질과 색으로, 고갱은 원색적이면서도 상징적인 색상으로, 세잔은 특정한 형태로 사물의 구조와 질서를 탐구했어요.

고흐, 〈아이리스〉

고갱, 〈타히티의 여인들〉

○ 근대의 마무리, 세잔

후기 인상파 화가 중 미술사의 측면에서 특히 중요하게 다뤄야 할 인물은 세잔이에요. 세잔은 근대를 마무리하고 현대 미술을 탄생시키는 데 중요한 역할을 한 인물이거든요.

세잔은 사물의 형태에 관심이 많았어요. 일상의 평범한 사물들에게서 변하지 않는 본질적인 형태를 찾아 내려고 했지요. 그래서 현실의 불완전한 사물들을 완전한 형태로 환원했답니다.

사과 → 구   나무 → 원기둥   산 → 원뿔

세잔은 형태와 색채를 더 정확히 분석하기 위해 비슷한 그림을 여러 차례 그린 것으로도 유명하지요. 세잔의 이런 작업은 후에 현대 입체파와 추상 미술 탄생의 계기를 마련했어요.

마스터의 보고서

세잔의 생애와 작품

〈과일 바구니〉 테이블 위에 놓은 정물들을 기준으로 양쪽 테이블 선의 평행이 맞지 않는 것을 확인할 수 있다.

폴 세잔은 후기 인상주의를 대표하는 프랑스 화가이다.

세잔의 작품 가운데 가장 잘 알려진 것은 정물화이다. 그의 정물화에는 사과, 병, 접시 같은 일상적인 사물들이 자주 등장한다. 그런데 그의 그림을 자세히 들여다보면, 책상의 모서리들이 평행하지 않거나, 접시와 병이 기울어져 있고, 위치가 맞지 않는 경우가 많다. 이는 세잔의 실수가 아니라 의도적인 표현이었다. 실제로 사람이 물체를 볼 때에도 중간 부분이 가려진 직선은 어긋나게 보이거나 물체의 수평을 비뚤게 보기도 한다. 하지만 우리 뇌는 실제로는 비뚤어진 선을 일치되도록 조정해 우리가 바르게 보고 있다고 착각하는 것이다.

오른쪽 아래 그림에서 체리 접시는 테이블의 수평과 어긋나 있다. 정면에서 테이블을 보는 시선과 위에서 체리 접시를 보는 시선이 한 그림 안에 동시에 표현되었기 때문이다. 세잔은 하나의 시점만으로 사물을 그리지 않고, 여러 방향에서 보이는 장면을 한 화면에 담았다. 이런 시도를 통해 사물의 본질에 대해 탐구한 것이다.

세잔은 생애 마지막까지 고향인 엑상 프로방스에서 그림을 그리며 사물의 본질을 탐구했다. 특히 집 근처에 있는 생 빅투아르 산은 그의 오랜 연구 대상이었다. 그는 이 산을 수십 점의 그림으로 남기며, 변화하는 빛 속에서도 변하지 않는 산의 구조와 본질을 끊임없이 탐색했다. 세잔은 마지막 순간까지도 보이는 것 너머에 있는 진실을 찾아 나선 화가로 남았다.

〈체리와 살구가 있는 정물화〉 정물을 바라보는 다양한 시점이 한 그림 안에 들어 있다.

Break Time
영혼의 편지

반 고흐와 그의 동생 테오는 서로 마음을 담은 편지를 많이 주고받았어. 때로는 작품의 스케치도 편지 한쪽에 그려 넣기도 했지. 고흐와 테오처럼 누군가에게 편지를 쓴다면 어떤 내용을 쓰고 싶니? 빈 편지지에 쓰고 싶은 말들을 적어 봐.

"사랑하는 테오. 늘 용기를 잃지 마. 태양은 다시 떠오른단다. 설령 구름이 덮여도, 그 뒤엔 언제나 빛이 있음을 기억하렴."
-빈센트가 테오에게 (1874년 1월, 런던에서)

"형, 나는 형이 그리는 그림이 단순한 그림이 아니라 형의 마음이라고 생각해. 형의 고통과 기쁨이 그대로 전해져. 나는 늘 형을 믿고 있어."
-테오가 빈센트에게 (1875년 11월, 파리에서)

"나는 그림을 통해 사람들이 삶의 작은 위로를 얻을 수 있기를 바라. 작은 꽃이나 해바라기 한 송이로도 누군가의 마음을 밝힐 수 있다면, 그것으로 충분해.
-빈센트가 테오에게 (1882년 9월, 헤이그에서)

5 현대 미술

무기가 되는 미술

　시간은 조금씩 흘러갔다. 1937년, 20세기 파리는 여전히 예술의 중심지였다.
　세계 곳곳에서는 전쟁의 검은 그림자가 도사리고 있었지만, 파리에는 아직도 19세기 벨 에포크 시대의 감성이 남아 있었다. 프랑스어로 '아름다운 시절'이라는 단어로 유럽이 평화를 누리며 문화가 꽃피우던 시대를 말한다. 파리의 예술가들은 그때를 그리워하며 각자의 캔버스를 저마다의 색채로 물들였다.

　시내의 풍경은 알게 모르게 달라져 있었다. 이전에는 보이지 않던 에펠탑이 도시 한가운데 우뚝 서 있었고, 쭉 뻗은 도로에 마차 대신 자동차와 트램이 달렸다. 파리가 내려다보이는 몽마르뜨 언덕에는 파리로 이민 온 외국인 예술가들이 모여 생활하며 저마다의 작품을 만들고 있었다.

알파의 갤러리 간판도 이제 빛이 바랬다. 나무 창틀도 낡고 휘어져 지나간 시간의 층을 보여 주고 있었다. 하지만 알파는 오늘도 어김없이 창가에 놓인 세잔의 액자를 닦고 있었다.

　알파의 말이 맞았다. 현대 미술은 이전의 미술과는 확실히 달랐다. 파리 시내에는 기괴하고 실험적인 뭉크의 포스터가 걸려 있었고, 마티스의 강렬한 색채도 곳곳에서 눈에 띄었다. 하지만 알파는 그것들이 무엇을 표현한 것인지 정확히 알 수 없었다.

　"왜 미술은 매번 이렇게 복잡하고 새로운 거야?"

　알파는 시대가 바뀔수록 갤러리 운영이 어렵다고 느꼈다.

　"후후, 미술의 역사라는 게 원래 그렇죠."

　네네는 위로하듯 알파의 등을 토닥이더니 갑자기 빨간 천을 머리에 뒤집어썼다. 알파가 정신 차려 보니 이미 네네의 열정적인 연극이 시작되고 있었다.

잠자코 네네의 이야기를 듣던 알파는 못 참겠다는 듯 소리를 질렀다.

"아니, 그러니까, 그게 대체 무슨 소리야~. 앞과 옆과 뒤를 어떻게 한꺼번에 그리냔 말이야!"

네네는 대답 대신 빈 캔버스에 붓으로 슥슥 그림을 그렸다.

"예를 들면 이렇게요? 사과를 단일한 곡선이 아니라 여러면으로 쪼개서 표현할 수 있겠죠? 둥근 외형을 깨뜨려, 삼각, 사각, 부채꼴 같은 조각들로 흩트리는 거예요."

그때 딸랑 하는 종소리와 함께 갤러리의 나무문이 열리며 채와 마스터가 들어왔다. 둘은 장터에서 아침 먹을거리를 사서 오는 길이었다.

"많이 기다리셨지요? 아침 드실 시간입니다~."

채가 활짝 웃으며 갓 나온 따끈따끈한 빵과 맛있는 과일을 테이블 위에 올려놓았다.

마스터는 커다란 사과 위에 몸을 기대며 말했다.

"알파, 너 인류를 바꾼 세 개의 사과에 대해 들어 본 적 있어?"

"아, 사과 얘기 하지 말라니까!"

알파는 괜스레 머리를 쥐어뜯었다.

"끄응……."

알파는 사과 한 알을 손에 집어 들고는 앓는 소리를 냈다. 채가 빵을 썰어 알파 앞에 두며 말했다.

"세잔은 사과를 생긴 그대로가 아니라 화가가 보는 방식으로 재구성했다는 거 기억하죠? 그래서 미술사에서는 세잔의 사과에서 현대 미술이 시작되었다고 하지요."

아담과 이브의 사과가 인간의 의식을 바꾸고, 뉴턴의 사과가 자연의 법칙을 바꿨다면, 세잔은 예술과 인식의 틀을 바꾼 것일까? 알파는 '아삭' 소리가 나도록 사과를 베어 물었다. 여전히 어려운 현대 미술이었지만 사과의 맛은 좋았다.

　작은 키에 다부진 체격. 아무렇게나 빗어 넘긴 흰 머리와 강렬한 눈빛. 창 너머에 편안한 옷차림의 파블로 피카소가 서 있었다. 미술계의 슈퍼스타를 이렇게 아무렇지 않게 마주한다고? 네네뿐 아니라 채와 알파도 몸이 굳어 버리는 것 같았다.

　피카소는 정치적으로 혼란스러운 스페인을 떠나 파리에 머물며 대부분의 작품 활동을 해 왔다. 1930년대엔 이미 유럽 전역에서 확고한 명성을 얻고 있을 때였다.

피카소는 성큼성큼 다가와 갤러리의 문을 열었다. 그리고는 강렬한 눈빛으로 탁자 위에 놓인 네네의 사과 그림을 가만히 바라보더니 그들에게 물었다.

"아니, 그게 제가 그렸다기보다는, 세잔 이야기를 하다가……, 작가님 흉내를 좀 내봤다고 해야 할까요? 하하하."

피카소는 빙그레 웃었다.

"멋지군요. 흉내라기보다는 계승이라고 하죠. 우리 모두는 세잔의 자식들이니까요."

그 말을 들은 네네는 긴장이 풀린 듯 배시시 웃었다.

사실 '우리 모두는 세잔의 자식들이다.'는 피카소가 남긴 유명한 말이었다.

　알파와 채는 서둘러 특별한 손님을 맞이할 채비를 했다. 채는 향긋한 커피를 내려 잔에 담아 주었고 피카소는 갤러리 이곳저곳 벽에 걸린 그림들을 바라보았다.

　"이 갤러리에서 좋은 신인 작가들의 작품들을 많이 소개해 준다고 소문이 났더군요. 실례가 안 된다면 제 그림도 좀 부탁해도 될까요?"

　채는 깜짝 놀라며 그가 들고 온 캔버스를 조심스럽게 받았다. 포장을 벗기자 채의 입에서는 저절로 '헉' 소리가 났다.

그러나 알파는 이번에도 당황스러웠다. 그동안 미술 여행을 하면서 만난 그림과는 완전히 다른 형태였기 때문이다.

말을 잇지 못하는 알파를 피카소가 바라보았다. 자신의 그림에 대한 감상평을 기대하는 눈빛이었다.

그러나 피카소는 기분 좋게 껄껄껄 웃었다.

"바로 그겁니다! 나도 세잔처럼 조각조각 여러 시점을 구현하고 싶었거든. 솔직히 바이올린이 어떻게 생겼는지 모르는 사람이 있나요? 다들 알고 있는 모양을 일부러 세세하게 그릴 필요가 있습니까?"

때마침 라디오에서는 아름다운 바이올린 선율이 울려 퍼졌다. 채는 다시 그림을 자세히 보았다. 바이올린을 생각할 때 떠오르는 많은 것들이 있다. 균형 잡힌 정면의 모습, 옆면의 부드러운 곡선, 딱딱한 질감과 그윽한 나무의 향기, 그리고 활과 현이 만나며 만들어지는 날카롭고 깨끗한 선율. 피카소는 마음의 눈으로 본 바이올린까지 그리고 싶었던 게 아니었을까?

갤러리 안은 찬물을 끼얹은 듯 조용해졌다. 방송으로 나오는 건조한 목소리는 쉬지 않고 끔찍한 소식을 전하고 있었다.

"독일의 콘도르 군단의 공격으로 보이며, 폭탄 투하로 인해 마을 전체가 화염에 휩싸였습니다. 공격의 정확한 원인은 파악하기 어렵지만 신형 무기와 폭격 전술을 실험하기 위한 목적으로 보입니다."

군사 반란으로 권력을 손에 넣은 스페인의 지도자 프랑코. 그가 독일 나치와 손을 잡고 조국의 백성들을 대상으로 무기 실험을 한 것이었다.

2시간 30분 동안 작은 시골마을에 무려 50톤이 넘는 폭탄이 쏟아져 내렸다. 마침 그날은 장이 열리는 날이었기에 주민들은 광장에 모여 있었다. 마을은 순식간에 불타 사라졌고, 아무 죄 없는 사람들이 목숨을 잃었다. 아이들의 울부짖음이 귓가에 울리는 것 같아 채의 가슴이 슬픔과 분노로 쿵쿵 뛰었다.

갑작스러운 폭격에 사람들은 산속으로 도망쳤지만 많은 이들이 숨진 채 발견되었습니다.

이것은 전쟁이 아닙니다. 명백한 학살입니다!

 알파의 주먹은 부들부들 떨렸고, 네네는 다리에 힘이 풀렸는지 풀썩 주저앉아 버렸다.
 스페인이라면 피카소의 고향이었다. 채는 조심스럽게 피카소의 얼굴을 살폈다. 그의 커다란 눈이 분노와 슬픔으로 흔들리다 이내 불꽃처럼 타올랐다.
 "으아아아아!!"
 괴로움을 이기지 못한 피카소는 짐승처럼 소리를 질렀다. 그는 마치 물러설 수 없는 전쟁터에 나서는 장군 같았다.

예술을 위해 파리에서 지내고 있었지만 그는 여전히 스페인의 국민이었다. 그림을 팔아 번 돈은 내전으로 고통받는 조국의 동포들에게 꾸준히 구호 물품을 사서 보내 주기도 했다. 그런데 스페인 정부가 국민을 대상으로 이런 만행을 저지르다니, 피카소의 피가 끓어오르는 것같았다.

　"당장 작업실로 돌아가야겠소. 가서, 이 끔찍한 일을 세상에 알려야 해."

　피카소는 눈물을 삼키며 떨리는 손으로 문을 열었다.

그해 6월, 만국박람회에는 수천 만 명이 방문했다. 에펠탑을 중심으로 대규모 전시관들이 지어져 각 나라의 문화와 기술을 뽐냈다. 알파 일행도 전시를 보러 갔다. 물론 다른 훌륭한 전시도 많았지만 네네는 구경할 시간을 주지 않았다. 그녀가 끌고 간 곳은 바로 스페인 전시관이었다.

그들을 맞이한 건 압도적인 크기의 그림, 〈게르니카〉였다.

게르니카 폭격 사건을 그린 피카소의 작품. 피카소는 이 그림을 통해 내전의 참혹함을 전 세계에 알리려고 했던 것이다

어지러운 상황에서 돌아다니는 영혼.

죽은 아이를 안고 오열하는 어머니.

창과 칼에 찔려 고통스러워하는 말.

불타버린 집에서 절규하는 여인.

오로지 흑백으로 표현된 이 그림은 보는 이들의 슬픔과 분노의 감정을 더욱 강렬하게 불러일으켰다.

"아, 맞다. 아저씨! 화가 네네 씨 이야기의 뒷부분이 궁금하지 않으세요?"

네네가 빙그르르 돌며 알파에게 물었다.

"그, 글쎄? 현대에 들어온 화가 네네 씨는 더 이상 새로운 소재를 찾지 못하자 자신의 관점을 바꾸기로 했지? 하지만 그것도 잠시, 대상을 해체하는 것마저 금방 익숙해질 것 같은데?"

알파가 정확하게 핵심을 짚자, 네네는 깜짝 놀라며 대답했다.

"맞아요! 그래서 네네 씨는 아예 대상을 없애 버렸어요!"

그때였다. 방 안을 가득 채운 사람들이 온데간데없이 사라지고 새하얀 벽에 둘러싸인 전시장에는 알파와 채, 마스터, 그리고 네네만이 남았다. 흰 벽 위로 라오콘 상과 미켈란젤로의 천지창조, 조토의 파도바 성당 벽화, 그리고 고흐와 피카소의 그림이 물결처럼 흘러가고 있었다.

"그래, 아름다움은 인간이 세상을 보게 해 주는 힘이었지. 그 아름다움 덕분에 인간은 굶주림 속에서도 그림을 그리고 절망 속에서도 노래를 부를 수 있었던 거야."

알파는 사뭇 진지한 목소리로 흘러가는 작품을 보며 말했다.

알파는 빈 공간에 대고 주황색 문을 스윽 그렸다. 그러자 투명한 문의 형태가 스르륵 열렸다. 알파가 조심스럽게 한 발을 내딛자 그는 차원 너머의 행성으로 한걸음에 도착할 수 있었다. 온화한 공기와 따뜻한 기온. 단 하루도 잊지 않고 기억하고 그리워했던 그의 행성이었다.

지금쯤이면 분열과 다툼으로 완전히 파괴되어 있을 줄 알았는데 그의 눈앞에 보이는 모습은 생각과는 사뭇 달랐다. 행성의 인간들은 정말 행복해 보였으니 말이다.

 "이제 내가 인간들에게 해 줄 수 있는 건 다한 것 같아. 내가 없어져도 이들은 사라지지 않고 풍요로운 삶을 이어 나가겠지? 이 행성에 예술이 계속 존재한다면 말이야."

 알파는 조용히 속삭이며 문을 닫았다. 문이 닫히자, 그들은 그 어떤 차원도 아닌 중간계의 공간에 떠 있었다.

새로움에 대한 강박

현대 미술은 규정하기 어려운 독창적인 방법으로 발전해 나갔어요. 야수파, 표현주의, 큐비즘, 초현실주의까지……. 이러한 작품들의 공통점을 굳이 찾는다면 '새로움에 대한 강박'이라고 할 수 있어요. 서양 철학이든 미술이든 새로운 분야에 대해 가장 처음 개척한 사람만이 역사에 기록되고 가치를 인정받았기 때문이지요. 그래서 예술가들은 대중이 불편함을 느낄 정도로 계속 새로움에 대한 탐색을 계속해 왔어요.

○ 입체주의

입체주의는 '큐비즘'이라고도 불러요. 사물을 기하학적으로 분석하고 다양한 시점을 적용했던 세잔의 생각을 계승하고 발전시킨 것이 바로 입체주의예요. 대표 작가로는 피카소가 있어요. 피카소의 입체주의는 사물을 여러 시각에서 본 모습을 한 화면에 동시에 담아 낸 미술 사조예요. 앞, 옆, 위에서 본 모습들을 모두 한 그림에 모아 놓은 것이지요. 피카소가 처음 입체주의 그림을 그렸을 땐 결과물이 너무 기괴했기 때문에 주변 사람들은 크게 걱정했어요. 그러나 결국 피카소는 세계적인 예술가로 인정받았답니다.

○ 추상 미술

20세기 무렵에는 아예 그림에서 그림의 대상을 제거하는 추상화가 탄생했어요. 순수 추상 미술의 시작으로 평가되는 화가는 러시아 출생의 칸딘스키예요. 그는 실제로 존재하는 대상을 화면에서 완전히 제거하고, 색의 덩어리와 단순한 선과 면으로만 작품을 완성했어요. 음악은 구체적인 대상을 묘사하지 않아도 소리와 리듬만으로 사람의 감정을 움직이지요. 칸딘스키는 그림도 음악처럼 점, 선, 면, 색, 형태만으로도 사람의 감정을 건드릴 수 있다고 생각했어요. 그래서 실제로 존재하는 현실과 비슷하게 그림을 그리지 않고 색과 형태의 리듬을 통해 감정을 전달하려고 했지요.

오늘날의 예술

미술의 역사는 언제나 새로움을 찾는 역사였다. 화가들은 늘 새로운 것을 시도했고 현대에 이르러 추상 화가들은 그림의 대상을 없애기까지 이르렀다. 하지만 대상이 사라진 이후에도 현대 미술의 본질인 새로움에 대한 욕망은 남아 있다. 하지만 대상마저 삭제된 미술에서 어떤 새로움을 찾을 수 있을까? 예술가들은 그동안 미술 작품에서 제외되었던 화가를 작품 안으로 끌어오기 시작했다.

화가를 단순히 작품을 만드는 사람으로 두는 것이 아니라 작품 속에 화가의 몸짓과 흔적을 남기는 방식을 사용한 것이다. 미국의 화가 잭슨 폴록은 커다란 천을 바닥에 놓고 물감을 흩뿌리거나 붓을 휘두르며 그림을 그렸다. 이렇게 생겨난 기법을 '액션 페인팅'이라고 부른다. 그의 그림에는 인물이나 풍경이 없지만, 화가의 몸짓과 리듬, 그리고 순간의 움직임이 고스란히 남아 있다. 폴록에게 예술은 그리는 행위, 그 자체였던 것이다.

또 다른 방식은 주체를 완전히 없애 버리는 것이다. 그림 그리는 주체인 화가를 아예 없앨 수는 없지만 대신 '자동 기술법'이라는 기법을 사용한다. 무의식의 상태에서 자동적으로 그려지는 그림 기법을 말한다. 독일 출신의 화가 막스 에른스트는 '데칼코마니' 기법을 사용했다. 종이에 물감을 바르고 다른 종이를 덮었다가 떼어 내면 우연한 무늬가 나타나는데, 화가는 그것을 다듬거나 살짝만 고쳐서 작품으로 완성했다. 여기서 중요한 것은 처음 나타난 무늬는 화가의 의도가 들어가지 않은 우연의 결과물이어야 한다는 것이다. 물감과 종이가 우연히 만들어 낸 흔적을 존중하며 새로운 이미지를 발견하기 위해서다.

오늘날의 현대 미술 전시회는 관람객에게 작품을 만져보게 하고, 작품 한쪽에 서 있게 하는 등 경험을 유도한다. 이때 감상자는 작품을 완성하는 참여자가 된다.

예술가들은 더 이상 눈에 보이는 것을 그대로 그리는 데 머물지 않고, 행위 자체, 우연의 결과, 관객의 경험을 작품의 일부로 받아들이고 있다.

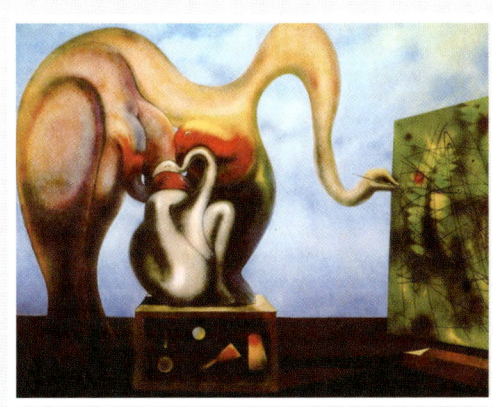

자동 기술법으로 완성된 막스 에른스트의 작품

Break Time
가로세로 낱말풀이

예술의 역사를 열심히 공부한 친구들, 모두 수고했어! 가로세로 낱말풀이를 통해 우리가 배운 내용들을 확인해 보자!

가로

① 독일군이 민간인을 대상으로 폭격을 가한 스페인의 도시. 피카소의 작품으로 유명하다.
② 네덜란드 출신 화가로 후기 인상파의 대표자다. 해바라기를 주로 그렸다.
③ 바로크를 대표하는 플랑드르 화가. 대표작은 <십자가를 세움>
④ 피카소와 함께 20세기 최고의 화가로 꼽히는 야수파의 대표 화가. 대담한 색상을 사용한다.
⑤ 추상 미술을 처음 선보인 러시아 출신의 화가. 미술도 음악처럼 표현하길 원했다.
⑥ 웅장하고 화려한 17~18세기 예술 양식. '일그러진 진주'라는 뜻을 담고 있다.
⑦ 중세 가톨릭에서 발급한 죄에 따른 벌을 면제해 주는 증서.
⑧ 프랑스의 인상주의 화가. 발레리나 그림이 특히 유명하다.

세로

㉠ 쿠르베의 고향에서 벌어진 장례식을 표현한 그림. <OOO의 장례식>.
㉡ 20세기 현대 미술을 대표하는 입체파의 창시자.
㉢ 이탈리아의 수도로 중세 시대 예술의 중심지였다.
㉣ <시녀들>을 그린 바로크를 대표하는 스페인 화가.
㉤ 바로크와 로코코에 대한 반발로 고대 그리스·로마 예술로 돌아가려는 사조.
㉥ 18세기 프랑스에서 등장한 예술 양식으로 화려하고 섬세하며 장식적이라는 특징이 있다.
㉦ 로코코의 대표적인 화가로 관능적이고 우아한 그림을 그렸다. 대표작은 <비너스의 화장>
㉧ 예술 작품에 대한 평론을 전문적으로 하는 사람.

신들의 초대

"이 아저씨 생각보다 눈치가 빠르시네?"

채는 어리둥절하여 알파와 네네를 번갈아 쳐다보기 바빴어.

"아저씨, 정말 제가 기억 안 나요?"

알파는 갑자기 머리가 터질 것 같은 두통을 느꼈지.

"큭, 이제 알아보겠어요? 하여튼 둔하다니까. 저는 사실 중간 레벨 신들과 예술을 관리하는 상위 신이었어요. 예전에도 지구 생활에 제대로 적응하지 못하는 당신을 도와주기 위해 파견된 거였고요. 그런데 당신은 시간이 지난 후에도 계속 힘들어하더라고요. 그래서 이번에도 제가 오게 된 거죠. 다행히 당신 같이 아둔한 신도 인간에 대해 잘 알게 된 것 같네요."

　처음 지구에 던져진 순간부터 알파는 이 불안한 미션이 끝나기만을 간절히 바라고 또 바라왔어. 그런데 이제 마지막 선택이 주어진 거야. 알파는 영광스러운 신들의 세계로 가게 될까, 아니면 아끼는 행성을 영원히 잃게 될까?

　알파는 슬픈 얼굴로 천천히 채를 바라보았어. 두통은 여전히 사라지지 않고 계속되고 있었지.

여러분 안녕하세요? 채사장이에요.
숨 가쁘게 달려왔던 미술사 여행이 이제 마무리되었어요. 최종 정리를 통해 우리가 배운 것들을 다시 떠올려 볼까요?

17세기에 이르자 미술은 르네상스 시대의 이성이 아닌, 감성에 호소하는 '바로크'와 '로코코' 형식으로 이어졌지요. 초기 근대에 이르자 너무 장식적인 로코코에 대한 저항으로 '신고전주의'가 등장해 이성적이고 강인한 그리스 로마 미술로 다시 돌아가고자 했어요. 한편 신고전주의의 엄숙함에 반발하며 등장한 '낭만주의'는 개인 내면의 감성을 중시하는 화풍이었지요.

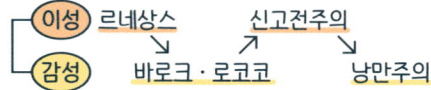

후기 근대에는 극적이고 과장된 낭만주의에 저항하며 남루한 현실을 그린 '사실주의'와 우리 주변의 삶과 자연을 보이는 그대로 그려 내고자 한 '인상주의'가 발전했어요. 인상주의 이후에 나타난 '후기 인상파'는 더 개인적이고 주관적인 그림을 그렸어요. 그중 세잔은 현대 미술의 탄생에 큰 몫을 했지요.

초기 근대		근대
신고전주의(이성)	→	사실주의(이념)
낭만주의(감성)	→	인상주의(감각)

20세기가 되면 실험적이고 독창적인 미술 형식과 예술철학들이 다채롭게 발생했어요. 피카소의 '입체주의'는 사물을 기하학적으로 분석했던 세잔을 계승한 미술 혁신 운동이었어요. 칸딘스키로 대표되는 '추상 미술'은 그림의 대상을 그림에서 제거하는 도전이었지요.

생각하고 토론하기

예술의 역사는 언제나 복잡하고 새로운 길을 찾아 발전해 왔어요. 때로는 이성적으로, 때로는 감성적으로 세상을 표현했고, 현대에 와서는 대상을 완전히 제거하려는 시도까지 이루어졌지요. 그렇다면 앞으로의 예술은 어떤 모습으로 변화할까요? 서로의 생각을 자유롭게 나누어 보아요.

① 카라바조는 난폭하고 범죄를 저질렀지만, 그림에서는 놀라운 빛과 성스러움을 표현했어요. 고흐의 그림은 따뜻하고 밝지만, 그의 삶은 어둡고 쓸쓸했지요. 이러한 화가들의 삶의 이야기는 그림을 감상하는 데 도움이 될까요? 작품은 작가의 삶과는 별개로, 그 자체로만 평가해야 할까요?

② 사진기가 발명되었을 때, 화가들은 고민에 빠졌어요. 사실주의 화가들은 현실을 세밀히 그렸고, 인상주의 화가들은 빛과 순간의 인상을 표현했지요. 기술의 발전은 예술의 형태를 바꾸어 왔어요. AI 시대의 예술은 어떤 모습일까요? AI가 예술을 만든다면, 그것을 '예술'이라고 부를 수 있을까요?

③ 예술의 역사는 언제나 새로움과의 싸움이었어요. 대중에게 충격을 주는 시도가 등장하고, 처음에는 비난받다가 나중에 인정받는 일이 반복되었지요. 이처럼 예술은 늘 낯설고 새로운 형태로 발전해 왔습니다. 미술은 왜 매번 새로워야 할까요? 현대의 미술은 어떤 낯선 모습으로 우리 앞에 나타날까요?

미술편 총정리

지적 대화를 위한 넓고 얕은 지식 여행을 함께해 온 여러분!
우리는 14권과 15권을 통해 고대, 중세, 르네상스, 초기 근대, 근대, 현대로 이어지는 미술의 역사를 탐험했어요. 우리가 배운 예술의 흐름을 다시 정리해 볼까요?

철학에서처럼 예술을 바라보는 관점에도 절대주의, 상대주의, 회의주의 세계관이 있어요.

절대주의

절대주의 미술은 이성과 합리성 그리고 완벽한 이상을 추구해요. 그 기원은 고대 그리스·로마에서 찾지요. 종교적 성향이 강했던 중세 그리스도교 미술을 지나 르네상스 미술로 이어졌어요. 르네상스 미술은 이후 신고전주의로 이어졌는데 이들은 모두 고대 그리스·로마의 미술을 가장 이상적인 미술로 생각하고 그때로 돌아가려고 했지요.

상대주의

상대주의 미술은 절대주의 미술에 반발하며 개인의 감정과 생각을 중요하게 생각하는 미술이었어요. 또한 시시각각 바뀌는 세계를 화폭에 담기 위해 노력했지요. 바로크와 로코코 미술은 유연하고 화려한 미술을 추구했어요. 이러한 시도는 화가의 내면과 표현을 중요하게 강조한 낭만주의로 이어졌지요.

근대에 이르러서는 삶의 현실을 그대로 그리려는 사실주의와 순간의 인상을 포착하려는 인상주의가 등장했어요. 후기 인상주의의 대표 화가인 세잔은 미술의 대상을 분석하고 관점을 다양하게 적용하며 현대 미술이 탄생할 길을 열어 주었어요.

회의주의

현대에 이르면 미술은 더 이상 절대주의와 상대주의의 싸움이 아니라, 예전 것들에서 벗어나 완전히 새로움을 시도하는 회의주의적 관점으로 바뀌지요. 피카소의 입체파는 대상을 해체하여 새로움을 추구했어요. 이러한 시도는 점차 극단화되어 추상 미술이 등장했고, 오늘날에는 예술의 대상에 대한 분석과 해체를 넘어 완전히 새로운 방향의 예술을 실험하고 있어요.

예술이 뭔지부터 의심해야 하는 거 아냐?

	고대	중세 (중세 미술)	르네상스	초기 근대	근대	현대
절대주의	그리스·로마 미술		르네상스 미술	신고전주의		
상대주의			바로크 로코코	낭만주의	인상주의 후기 인상주의	
회의주의						현대 미술 └ 대상 실험 └ 주체 실험

우리의 지식 여행은 이제 거의 막바지에 이르렀어요. 다음 여행의 목적지는 '종교'예요. 인간이 던지는 수많은 질문들에 종교는 어떤 답변을 내려 주고 있을까요? 오랜 역사를 통해 인류에게 큰 영향력을 끼친 주요 종교들을 만나 보아요.

정답

46p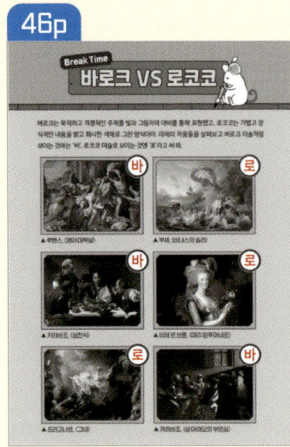

72p

100p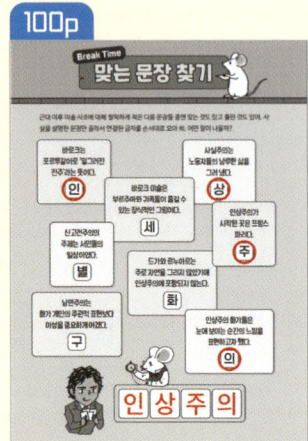

130p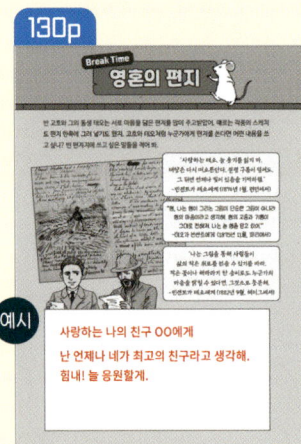

162p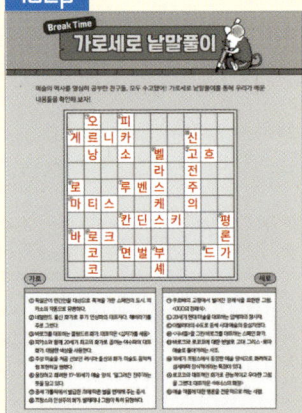

지식 여행의 마지막 목적지, '종교'를 향해 출발~!